JOÃO
DE A A Z

JOÃO DE A A Z

JOÃO CARLOS MARTINS

Copyright © 2019 por João Carlos Martins

Todos os direitos reservados. Nenhuma parte deste livro pode ser utilizada ou reproduzida sob quaisquer meios existentes sem autorização por escrito dos editores.

edição: Pascoal Soto
revisão: Ana Grillo, Hermínia Totti e Tereza da Rocha
capa, projeto gráfico e diagramação: Luciana Facchini
fotos de capa e miolo: Renato Parada
impressão e acabamento: Geográfica e Editora Ltda.

CIP-BRASIL. CATALOGAÇÃO NA PUBLICAÇÃO
SINDICATO NACIONAL DOS EDITORES DE LIVROS, RJ

M343j   Martins, João Carlos
           João de A a Z/ João Carlos Martins. Rio de Janeiro: Sextante, 2019.
           208 p.; 16 x 23 cm.

           ISBN 978-85-431-0809-4

           1. Martins, João Carlos - 1940-. 2. Regentes (Música) - Brasil - Biografia. 3. Memória autobiográfica. I. Título.

19-58181   CDD: 927.8145
                              CDU: 929:78.071.2

Todos os direitos reservados, no Brasil,
por GMT Editores Ltda.
Rua Voluntários da Pátria, 45 – Gr. 1.404 – Botafogo
22270-000 – Rio de Janeiro – RJ
Tel.: (21) 2538-4100 – Fax: (21) 2286-9244
E-mail: atendimento@sextante.com.br
www.sextante.com.br

6	——	PREFÁCIO	
9	——	INTRODUÇÃO	
13	——————	AMOR	A
27	——————	BACH	B
41	——————	CONCERTO	C
53	——————	DISCIPLINA	D
63	——————	ESPERANÇA	E
73	——————	FÉ	F
81	——————	GENTE	G
91	——————	HARMONIA	H
101	——————	INSPIRAÇÃO	I
109	——————	JOÃO	J
117	——————	LIBERDADE	L
125	——————	MÚSICA	M
131	——————	NEUROLOGIA	N
139	——————	OFÍCIO	O
147	——————	PAIXÃO	P
157	——————	QUERER	Q
167	——————	RAZÃO	R
175	——————	SAÚDE	S
183	——————	TALENTO	T
191	——————	UNIVERSO	U
195	——————	VELHICE	V
201	——————	O X DA QUESTÃO	X
205	——————	ZÊNITE	Z

JOÃO

No dia em que o conheci, levado que fui à sua casa por George Legman, um grande amigo que temos em comum, João parecia inquieto, ansioso. Era como se ele esperasse adentrar à sua porta o editor que traria a fórmula mágica que o faria escrever o livro que, enfim, chegaria ao grande público. O homem que, com sua arte, foi ovacionado nos mais disputados teatros e palcos do mundo e levou a música clássica aos povoados mais remotos do interior do Brasil parecia ter dado lugar ao menino inseguro de outrora.

(O piano no centro da sala.)

De minha parte, esforçava-me para não demonstrar qualquer sinal de insegurança, muito embora tivesse as pernas bambas. Tinha diante de mim o homem-vulcão, o maior intérprete de Johann Sebastian Bach, o maestro que memoriza cada partitura das obras mais complexas, pois que já não podia contar com seus dedos. Tinha diante de mim, portanto, o pianista brasileiro que, aos 20 anos, estreou no Carnegie Hall, o sonho maior de todo grande artista.

(O piano no centro da sala.)

Sentia-me preparado para a conversa, mas estava atônito. Para além do que já conhecia da trajetória do pianista e maestro, havia feito a lição de casa: reli sua biografia, assisti a várias de suas entrevistas, ouvi alguns de seus concertos. "E a ideia, Pascoal, e a ideia?" – era o que martelava a minha cabeça. Até encontrá-lo não me havia ocorrido nenhuma ideia mirabolante, nenhuma fórmula mágica, mas uma pergunta se sobrepunha a tudo: "Quem é o cidadão João Carlos Martins?"

(O piano no centro da sala.)

Passamos quase três horas a conversar. João falou-nos apaixonadamente da vida, de sua vida, da música, de suas mãos e seus dedos, dos seus grandes amigos, de seus pais, de seus amores, de suas dores lancinantes, de seu perfeccionismo, de seus erros, de sua alegria de viver, de Deus, de tudo. Tudo parecia tão claro, tão absolutamente claro: João acabara de "escrever", naquelas três inesquecíveis horas, a sinopse do que viria a ser este *JOÃO: De A a Z*.

(O piano no centro da sala parecia tocar sozinho.)

Saí daquele encontro com a nítida sensação de que João sempre soube exatamente qual o livro que desejava escrever. Era como se minha presença lhe tivesse servido para reencontrar a segurança e a certeza de que aquele era mesmo o único caminho. O livro seria um grande - e profundo – passeio pelo universo afetivo do homem João Carlos Martins.

(O piano seguia tocando sozinho, em mim.)

Com a preciosa ajuda do jornalista Vicente Vilardaga, outro grande amigo que se somou ao projeto, João passou quase um ano a escrever esta obra tão especial. Ao longo daquele período, Vilardaga foi os dedos que o maestro já não podia utilizar para escrever nem tocar nem reger. E foi além, pois ajudou-nos a estruturar este dicionário da alma de um dos maiores artistas brasileiros de todos os tempos.

Do Amor ao Zênite, eis aqui, leitor, o livro do João!

(O piano...)

PASCOAL SOTO

INTRODUÇÃO

Aos 79 anos, não gostaria de ensinar ninguém, mas mostrar o que a vida me ensinou e aproveitar para dividir emoções, pois só sabe multiplicar aquele que aprende a dividir.

Os últimos tempos têm sido desafiadores e estimulantes, pois a pior coisa que aconteceu em minha vida foi perder as mãos para o piano, e a melhor coisa que aconteceu em minha vida foi perder as mãos para o piano.

Sobraram dois polegares, mas garanto que são dois polegares atrevidos. Sobraram também os olhos, os braços e o corpo para desenvolver a atividade de maestro do meu jeito, sempre procurando transmitir emoção através da música. Em outras palavras, vão-se as mãos, mas ficam os braços, o coração, os olhos, o cérebro, a fé.

Além disso, conto sempre com a ajuda providencial da ciência. Uma solução médica pode surgir a qualquer momento no horizonte. Há um mundo digital para explorar. A neurociência se une à informática e se expande a cada dia. A minha carreira terá desdobramentos digitais que ainda desconheço. Não me faltam alternativas para driblar meus infortúnios. Se quiser ser mais convencional, e como me despedi do piano definitivamente nos concertos, posso com os dois polegares e um quarteto tocar a linha melódica de uma peça de quando em quando para mim mesmo, pois jamais abandonarei o meu velho companheiro.

Muitas águas ainda vão rolar. Faço isso sem qualquer ansiedade. Sou inquieto, muito ativo, mas tranquilo. Há 16 anos o piano vem se tornando secundário na minha vida profissional. A função de maestro virou a dominante. Descobri que a regência me sacia musicalmente e realiza a minha necessidade de palco. Se houvesse um índice de satisfação com o trabalho, o meu seria 10. Dá gosto ver o desenvolvimento da Orquestra Bachiana Filarmônica Sesi-SP, que iniciei em 2004, quando comecei na regência. Dois anos depois idealizei a Fundação Bachiana. É uma instituição sem fins lucrativos já consolidada, que só me traz alegria e mantém minha crença num futuro promissor para o Brasil.

O gráfico da minha vida tem montanhas e vales. Altas montanhas e vales profundos. Até que ponto um ser humano consegue resistir? Qual a nossa capacidade de suportar a dor? Conhecemos realmente nossas forças? Por que é importante ter uma missão, um propósito? Em que medida o trabalho define o homem? Como viver as paixões e ao mesmo tempo perseguir e admirar a moderação?

Quando olho hoje para minha história vejo claramente os acontecimentos se entrelaçando e percebo que nada é por acaso. Conforme o tempo vai passando, tudo ganha mais sentido e você consegue enxergar a linha da própria vida. Estamos num eterno aprendizado.

A necessidade e a curiosidade fazem o homem. Reinvenção é uma das palavras da minha vida, ao lado de determinação e obstinação. Não gosto do termo autoajuda, e sim da palavra compartilhamento.

Neste livro, escolhi a ordem alfabética porque posso organizá-lo a partir das ideias, e o A a Z tem o sentido de completude. Penso em me expor plenamente e fazer um relato esclarecedor e sincero. Depois de dois documentários europeus e um brasileiro, três livros, um filme e uma peça de teatro, achei que estava na hora de fazer um livro diferente, uma espécie de almanaque recheado de memórias e reflexões.

Nas páginas seguintes serão apresentados pensamentos e lembranças de um pianista incansável e de um maestro em plena atividade, um homem de 79 anos que aprendeu bastante na sua jornada. Sou um observador do meu tempo.

Desfrutei das delícias do sucesso e fui mais forte quando consegui me reerguer das dificuldades e dos fracassos. Fiquei cansado, desisti duas vezes de tocar piano, pensei até em me matar.

Acredito num Deus justo, que estabelece a medida das coisas, e acho que nada se constrói sem a ajuda Dele. Também fui influenciado pelo espiritismo e tenho um caráter ecumênico.

Apesar da minha história feliz, não quero contar vantagem. Creio que tenho muito a dizer sobre vacilos e descuidos. Cometi mais do que deveria e menos do que podia.

Procuro trazer a emoção para a música clássica ao tocá-la, regê-la e promovê-la. Claro que Bach, por si só, é suficientemente emocionante. Mas com minha interpretação tentei acrescentar novos sentimentos à sua música. Posso chamar de tropicalidade ou latinidade. Ou mesmo de energia brasileira.

O tempo passa e não perco o amor pelo ofício. Na verdade, ele só aumenta. Acho que essa é a primeira razão deste livro:

ame seu ofício. Penso que todas as pessoas encontram o prumo em seu ofício, palavra que merece um capítulo à parte. Aquilo que fazemos é, no fim das contas, o que nos define. O mais importante é ter atividade e saber se transformar de acordo com as circunstâncias e necessidades. É um privilégio e uma bênção poder fazer o que se gosta durante a maior parte da existência. Conseguir viver dessa maneira é uma forma de unir trabalho e prazer. Incertezas profissionais e crises fazem parte de qualquer caminho ou carreira profissional. Para superá-las, precisamos de discernimento e força de vontade. E também de amigos e conselhos. Sem eles não vamos muito longe. Houve muitas pessoas que me ajudaram ao longo dessa jornada e estiveram ao meu lado nos momentos decisivos com contribuições concretas e providenciais, às quais agradeço profundamente. A elas dedicarei muitas linhas desta obra.

Costumo chegar aos ensaios sempre entusiasmado e com as ideias claras sobre o que pretendo fazer, já com a música que vamos ensaiar esmiuçada por completo. A busca pelo perfeccionismo, que pode ser uma qualidade ou um defeito, me acompanha na regência como me acompanhava ao piano.

O movimento de músicos jovens querendo dar o melhor de si e tornar nossa filarmônica cada vez mais relevante nacional e internacionalmente é algo que me estimula. O século xx foi o da busca do sonho; o século xxi é o da renovação. Buscamos parcerias para criar orquestras pelo Brasil afora, centenas delas, e formar milhares de jovens músicos.

Vamos de A a Z.

Meu Deus! Quantas letras!!!

AMOR

A letra A só poderia ser de amor, porque o amor é ou deveria ser o pilar fundamental da existência. A escolha foi fácil. Precisamos dele como do ar para respirar. O amor pelo outro, pelo próximo, pelo nosso ofício. O amor da família, da mãe, dos filhos, da mulher, dos amigos. Isso move o mundo, nos faz acreditar em algo maior. Amemos e sejamos amados. O amor é um bom começo e um bom fim para tudo, é um ótimo primeiro capítulo. Até queria falar mais da natureza do amor, mas só o que sei é que é mais do que um sentimento. O amor pela vida é o único caminho para a felicidade.

Vou começar com uma história que acho bastante ilustrativa. Como já disse, quando criança tive problemas de saúde. Tinha convulsões quando era bem pequeno. Depois tive um tumor benigno no pescoço, razão de duas cirurgias que acabaram por unir pai, mãe e irmãos em torno da minha saúde. Esse tumor provocava um vazamento de pus no meu pescoço e acabou por gerar, já naquela época, bullying na escola. Como foi importante o amor da família, com a austeridade e o bom senso do pai, o carinho da mãe e o companheirismo dos irmãos.

Vivíamos num ambiente disciplinado, onde havia horário para tudo e se estimulavam a cultura e o conhecimento. Se minha mãe, Alay, era mais afetuosa, astuta e dedicada, meu pai, José Martins, era um homem inteligente, organizado e de ideias claras. Ambos exigiam uma atitude positiva dos filhos e acreditavam no poder do intelecto. Lembro-me da primeira vez que recebi um conselho do meu pai. Foi bem nessa época da fístula, logo depois de uma cirurgia, que envolveu um longo período pós-operatório, quando ele disse: "O impossível só existe no dicionário dos tolos." Meu pai era um homem que acreditava no esforço pessoal e na força da fé. Representante da fabricante francesa de aromas Roure-Bertrand Fils et Justin Dupont, de Grasse, era um vendedor incrível, e chegou a ser o maior vendedor da empresa em todo o mundo.

Estávamos na segunda metade dos anos 1940, a Segunda Guerra Mundial havia acabado e, junto dela, a ditadura do Estado Novo. De alguma forma vivíamos um período de volta à normalidade. Eram tempos de recuperação econômica e ligeira euforia. A economia crescia e havia uma invasão de carros americanos. Nessa época, meus irmãos e eu estudávamos numa escola chamada Educandário Brasil, que ficava a 500 metros de nossa casa. Certo dia, estava com minha mãe na fila para comprar pão e, ao nosso lado, estava uma vizinha com sua filha, que tinha mais ou menos a minha idade e eu achava linda. Estudávamos na mesma escola e até hoje consigo me lembrar de sua beleza.

Conforme disse, por causa da fístula que me afligia após a cirurgia, sofri muito constrangimento na escola. Na hora do almoço, alguns garotos caçoavam de mim e aquela menina me protegia. Ficava por perto quando eu me sentia triste e dizia palavras de apoio, como se soubesse que era o que eu mais precisava. Por incrível que pareça, ainda criança me apaixonei por ela. Seu interesse por mim, sua sincera disposição de me ver feliz e sua beleza me tocaram. Um amor infantil brotou. Essa amiga demonstrava tanto carinho nos meus momentos de tristeza que eu passei a entender como a palavra amor estava diretamente relacionada à palavra solidariedade.

Em momento algum me senti desamparado naquela minha dor de criança. Lembro-me do carinho da minha mãe, de todos os meus irmãos preocupados comigo, do olhar de atenção de parentes, amigos e médicos, do afeto da menina. O amor se expressa no cuidado. Senti-me protegido. Minha mãe sempre cuidadosa com os filhos, meu pai atento. O que quero dizer, afinal, é que quem ama cuida. Dois anos após o surgimento da fístula e de um longo período tomando injeções no pescoço, fiz uma segunda operação que eliminou o problema.

Pensando livremente, posso dizer que aquela menina foi meu primeiro amor. Jamais me esqueci daquele sentimento de pura gratidão por ela estar por perto num momento difícil. É o que se chama de amor platônico, idealizado.

Até sentar numa banqueta de piano, fui uma criança bastante vulnerável. Adorava chegar à escola e sentar-me ao lado da menina na sala de aula. Ficava ansioso esperando ela chegar e trocar olhares comigo. Ela percebia minhas dificuldades no ambiente escolar, tinha empatia pelo meu sofrimento e se esforçava para me alegrar e mostrar que a vida poderia ser bela.

Um dia a menina não apareceu e, quando voltava da escola, vi um grande tumulto em frente à casa dela. Perguntei a um curioso o que tinha acontecido e ele me disse que a mãe havia ligado o gás, matado os filhos e se suicidado. Foi um choque para mim.

Não queria mais ir para a escola. A perda da pessoa que me motivava me abateu. Entrei correndo em casa, fui para o meu quarto e chorei muito. Seria o fim trágico do meu primeiro amor e algo que me marcaria para sempre. Fui consolado pela minha família, embora fosse uma experiência que eu vivia íntima e dolorosamente. Havia perdido uma pessoa fundamental na minha curta existência. Foi uma relação que acabou de maneira abrupta e sem aviso. Considero essa minha primeira grande decepção, além da primeira experiência com a morte. Por conta dessa lembrança infantil, tenho muito medo de perder alguém de quem gosto.

O amor é algo difícil de explicar. O amor é o sal da vida, o que tempera as relações, o que faz com que elas sejam sempre diferentes, com a mulher amada, com os filhos amados, com o compositor amado. O amor é a antimonotonia.

Já com 10 anos tive um sentimento que até pode ser traduzido por um sonho. Eu estava no Cine Cruzeiro, na Vila Mariana, com meus pais, assistindo a um filme romântico, e cheguei às lágrimas. Apaixonei-me pela atriz Tônia Carrero ao ver *Tico-tico no fubá*, biografia do nosso compositor Zequinha de Abreu. Foi um sucesso de bilheteria naquele tempo e fiquei completamente rendido à beleza da atriz. Aqui de novo a música entra no contexto amoroso através dos acordes de uma valsa chamada *Branca*. O efeito dessa canção nas cenas de Tônia foi determinante para despertar em mim as mais deliciosas sensações.

Essas pequenas pílulas me vêm à memória enquanto escrevo estas linhas. Se você já viveu uma experiência assim, talvez chegue à mesma conclusão que eu: a música é fundamental numa cena de amor. Imagine dois protagonistas que lutam contra tudo e contra todos para ficar juntos e acabam selando sua vitória com um beijo apaixonado no final. Pode apostar que esses mesmos atores, ao assistirem ao desfecho romântico com a sua respectiva trilha sonora, também chegarão às lágrimas, assim como o público.

Tive algumas paixões e amores na minha vida, alguns que me levaram ao arrependimento após o seu término. Mas adianto que o amor pela música e pelo piano talvez tenham prejudicado minhas relações amorosas. Quando o amor deixa de ser amor e se transforma em obstinação, a vida pessoal corre risco. Muitas vezes agi por impulso, e me arrependi. A maturidade ajuda você a ser menos impulsivo e a aprender a administrar seus sentimentos. Nessa hora você também passa a amar a paz. Como é importante a paz! Embora eu tenha muitos ídolos que tiveram uma vida atormentada, é dez vezes melhor poder encontrar a paz.

Não tenho dúvida de que diversas obras de arte, da literatura à música, foram feitas sob a inspiração do amor e assim devem ser interpretadas. Quantas delas não teriam chegado ao século XXI e se eternizado se não fossem dedicadas ao ser amado? O amor alimenta a arte. O romance entre o compositor Frédéric Chopin e a escritora George Sand, pseudônimo masculino de Aurore Dupin, um dos expoentes da literatura francesa, é um exemplo bem-acabado dessa conexão. Movido pela presença da mulher amada, Chopin, enfraquecido por problemas de saúde, conseguiu alcançar o máximo de sua produtividade. Sand foi uma mulher que escandalizou a sociedade de seu tempo. Era livre e criativa. Vestia-se de homem, assinava seus textos como homem, fumava desbragadamente e teve uma grande lista de casos amorosos. Doente de tuberculose e tomado por uma permanente melancolia, Chopin tinha passado por uma desilusão amorosa quando a conheceu, em 1838, em um salão em Paris. Os dois se apaixonaram loucamente e se encheram de criatividade.

No inverno daquele ano, fugindo do frio de Paris, Chopin e Sand procuravam um lugar ensolarado para que o compositor pudesse se recuperar da tuberculose – e também para que Sand pudesse se afastar de ex-amantes. Foram parar na Ilha de Maiorca, no Mediterrâneo, mais precisamente na serra de Tramuntana, a noroeste da ilha, onde a altitude passa de mil metros. Sand tinha dois filhos que os acompanharam na viagem. Os namorados ficaram maravilhados com a cor do mar quando chegaram e esperavam viver um tórrido romance. Mas em Maiorca as coisas não correram conforme o esperado. Pensavam em encontrar ali boas condições climáticas e acolhimento. Não encontraram nem uma coisa nem outra. O casal não foi bem aceito pela população local; incomodava o fato de não frequentarem a igreja e a aparência de enfermo de Chopin. Também chocavam os trajes masculinos de Sand. Diante da impossibilidade de convivência com as pessoas da cidade, acabaram se mudando para um convento afastado e abandonado, mas essa morada romântica se revelou fria e úmida, o que só prejudicou as condições de saúde de Chopin. Com a piora da situação na ilha, regressaram a Paris, passando por Barcelona. Durante a viagem, o compositor teve uma hemorragia que quase lhe custou a vida. Chegaram à França, onde Sand tinha sua propriedade, em junho de 1839.

Apesar dos acidentes de percurso, em termos criativos, a estadia foi produtiva. O piano de Chopin demorou a chegar, mas quando chegou encontrou o compositor cheio de emoção. Em Maiorca ele foi um vulcão criativo. Sand também produziu excelente literatura baseada na sua relação com ele. Inspirado na mulher amada, Chopin conclui seus 24 prelúdios, além de finalizar peças como a *Balada em fá maior*, a *Polonaise Opus 40* e o *Scherzo em dó sustenido menor*. Sobre Chopin, Sand escreveu na sua autobiografia: "A sua criação era espontânea e miraculosa. Ele a encontrava sem a procurar, sem a prever. Surgia-lhe sobre o piano, subitamente, inteira, sublime, ou começava a cantar na sua cabeça durante um passeio, e ele apressava-se em torná-la audível para si próprio, transmitindo-a ao instrumento."

Lembro-me perfeitamente quando meu professor de piano José Kliass, nascido na Rússia, uma das pessoas que mais contribuíram para minha vocação, realizava uma vez por mês os saraus de piano com seus alunos. Eu percebia que ele ficava com as mãos suando, torcendo para que eles fossem felizes nas suas execuções. Ficava realmente apreensivo, como se sentisse a mesma dificuldade que eles estavam sentindo diante de um instrutor tão gabaritado e brilhante. Lembro-me, porém, de que era uma sensação ambígua. Esse sentimento talvez funcionasse como um bumerangue para mim, pois na hora da minha execução eu sentia uma aura positiva e inexplicável de emoção que fazia minha interpretação soar melhor e mais expressiva do que aquelas que havia realizado nos ensaios. De alguma maneira a apreensão dos outros pianistas me compadecia, e eu tinha plena empatia com meus colegas. Quando chegava minha vez eu entrava numa espécie de transe, e as dificuldades que eu via para o outro não via para mim mesmo.

Por que razão eu fugia de casa para acompanhar ao piano o coral de alunos do Liceu Pasteur, quando era obrigado não só a estudar de madrugada as lições da escola como a decorar à luz de uma lanterna partituras que eu teria que tocar nas aulas do professor Kliass? Eu ia para o Liceu sem meu pai saber porque o professor David Reis, que conduzia o coral, não tinha verba para pagar um profissional. Queria contribuir para o desenvolvimento do coral e desenvolver minhas aptidões. Eu defino isso como companheirismo. Era uma vontade real de colaborar, de contribuir para um esforço coletivo, de ajudar o coral a progredir.

Sempre fui dedicado aos estudos e sempre guardei na memória as peças que toquei. Devo muito à minha memória. Lembro-me de tudo, não posso reclamar. Tenho uma espécie de obsessão com cada música quando estou ensaiando. Preciso dominá-la na mente e captá-la pelo seu sentido mais profundo. Havia desde o início uma obsessão para tentar ser perfeito. Acho que o perfeccionismo também pode ser interpretado como uma declaração de amor ao ofício. Mas é também razão de ansiedade.

Quando, em 1958, participei do concurso Eldorado, evento que fez minha carreira deslanchar, lembro-me que afirmei que iria me preparar para ficar não 100%, mas 200% em forma, pois para início de carreira era importante um primeiro prêmio. Sem nenhum sentimento de falsidade me disseram que a candidata que estava entre os cinco pianistas disputando em pé de igualdade o primeiro prêmio não tinha ido excepcionalmente bem na última apresentação, embora seu desempenho tivesse sido bom. Nesse momento pensei no tal efeito bumerangue que norteava meus sentimentos e lamentei suas falhas. Eu tinha que vencer pelo meu amor ao perfeccionismo e fiz a melhor prova da competição, ganhando o primeiro prêmio.

Na festa de premiação, não sei se por um sentimento oculto ou por outra razão, aleguei não estar me sentindo muito bem e assim a segunda colocada foi a estrela da noite, pois eu não compareci ao evento. Acabei recebendo o primeiro prêmio numa sala do jornal *O Estado de S. Paulo* das mãos de Júlio de Mesquita Filho e, em seguida, fui para o Festival Pablo Casals. Logo depois já estava tocando nos Estados Unidos e na América Latina. As coisas começaram a acontecer com naturalidade. Parecia a vida dos sonhos. Passei a fazer longas viagens e a tocar para públicos cada vez mais exigentes. No início viajei pela América Latina e depois para os Estados Unidos e a Europa. Era um garoto de 18 anos e comecei a conhecer o mundo, numa época em que as viagens eram muito mais complicadas.

Em Cuba novamente a palavra solidariedade se uniu à nossa palavra-chave deste capítulo. Eu havia feito um recital no principal auditório de Havana e estava hospedado na Embaixada do Brasil. Na manhã seguinte, antes do amanhecer, a governanta da embaixada me acordou dizendo que eu teria que viajar naquele dia e sair rápido, pois talvez fosse o último voo da Panamerican para Miami. Falava-se da invasão norte-americana, que acabou acontecendo dois dias depois, a famosa Invasão da Baía dos Porcos. A governanta me pediu que ajudasse alguns amigos seus e me apresentou a três casais de cubanos, que estavam com seus filhos e tentavam sair do país, mas não tinham certeza de que conseguiriam. Temiam que fosse criado algum entrave burocrático, como impedir o embarque de uma das crianças e, assim, fazer com que toda a família desistisse da viagem.

Antes de irmos para o aeroporto, ainda na embaixada, um deles me pediu que levasse comigo seus dólares e joias, já que eu não seria revistado, por ser convidado do governo. Perguntei: "E se vocês não viajarem?", ao que eles me responderam: "Entregue para a Estátua da Liberdade." Eu, que não sei dizer não, pela primeira vez tive coragem de me negar a atender um pedido por ser muito perigoso. Mas ao olhar para as mães, que choravam, assim como os pais, este então jovem pianista mudou de ideia e resolveu correr o risco. Acabei levando tudo. Na hora de passar pelo controle de passaportes me assustei com a aproximação de alguns policiais e derrubei, propositalmente, um calhamaço de partituras que levava nas mãos para estudar durante o voo. Foi uma revoada de papéis que distraiu os agentes do governo e eu passei sem nenhuma revista. Graças a Deus todos embarcaram e pude devolver os pertences daquelas famílias assim que chegamos ao aeroporto de Miami.

Na minha vida, com tantas idas e vindas sem psicólogo, guru ou dono da verdade para me guiar e sendo simplesmente um músico, descobri e vivi diferentes formas de amor. Há, evidentemente, o amor solidário, como no caso de Cuba, que faz de você uma pessoa melhor, e outras formas que assim descrevo: o amor angelical, em que reinam a pureza e a ingenuidade; o amor a Deus, e o respeito e a vontade de não desiludi-Lo; o primeiro amor, que jamais sairá de sua memória e nunca será esquecido; o amor sexual, que pode ter diferentes faces que ajudam ou prejudicam seu cotidiano. Destaco ainda o amor dos pais; o amor com ciúmes, que leva você ao extremismo; o amor amigo, sempre duradouro; e o amor ao seu objetivo de vida, que faz do seu trabalho uma missão.

Penso que meu amor à música, de alguma forma, funciona como uma conexão com Deus – a Ágape. Meus principais canais de expressão espiritual são o piano e a regência. Sempre penso que a arte envolve algum tipo de aproximação divina. O segundo tipo de amor é o Philos, do qual estamos falando bastante na letra A. Trata-se do amor ao próximo, que se manifesta na empatia, na solidariedade e na lealdade. Podemos compará-lo ao tipo de vínculo que une os grandes amigos, as almas que se encontram. É um amor que se torna mental, a meio caminho entre a racionalidade e a espiritualidade. Há, finalmente, o amor Eros, que está associado ao sexo, às paixões e à atração física. Não tenho dúvida de que se trata do mais arriscado. Quando se manifesta estão em jogo as forças da natureza, as manifestações do instinto, o que pode lhe causar problemas. Aqui já me compliquei. Meu consolo é que a maioria também já se complicou.

O amor de pai é Philos, é um sentimento que você não consegue descrever por ser algo que nem sempre é demonstrado, muitas vezes por timidez. Mas a verdade é que qualquer dor de um filho dói no coração dos pais. Com os filhos você passa a entender o que significa o amor responsável com ou sem a presença diária, mas certamente com a intenção de ajudar e fazê-los encontrar seu destino.

Nos Estados Unidos, onde trabalhava intensamente, fazia questão de tocar piano em casas de repouso, fiz isso inclusive numa noite de Natal. Nesses momentos, um olhar, um gesto, uma palavra podem ter um significado que jamais sairá de sua memória, fazendo com que você se sinta uma pessoa melhor. Vejo amor na minha relação com o público, por exemplo. Não quero decepcioná-lo, quero atender suas mais altas expectativas. Desde que comecei a me apresentar, o amor à música sempre foi aliado ao amor ao público. Rapidamente senti que a apresentação era minha felicidade. Se me perguntarem se me lembro da primeira vez que me sentei ao piano, da minha primeira aula com uma professora, não lembro. Mas imediatamente me vem à memória que muito pouco tempo depois eu estava tocando o primeiro movimento da *Sonata ao luar*, de Beethoven, já em público. Há um magnetismo que nos une.

Certa vez, a Bachiana iria tocar dez minutos após a queima de fogos na avenida Paulista, no réveillon. Pela primeira vez, Bach seria o astro na passagem do ano. Era um sábado, e fiquei sabendo da previsão de chuva para aquela noite. Não tive dúvida: às oito da manhã fui à rua do Seminário procurar violinos chineses baratos, violas e violoncelos para que a chuva não estragasse os instrumentos dos nossos músicos. Graças a Deus, duas lojas estavam abertas e pude comprá-los. À tarde, para prevenir, gravamos o repertório, e à noite, com playback, tocamos com os instrumentos de corda que eu havia comprado e com chuva. Assim respeitamos o público e os organizadores, e respeitamos também os músicos da orquestra, que puderam preservar seus instrumentos de trabalho.

O artista não vive sem público. A relação entre os dois tem que ser de amor, respeito e gratidão de ambas as partes. Acredito que isso valha para qualquer público, para qualquer pessoa que trabalha com público, desde um vendedor de loja até um ator de novela. É a resposta do público que alimenta a alma do artista. Sua grande satisfação é amar seu público e ser amado por ele.

Quando realizei apresentações na Fundação Casa ou em presídios, o que continuo fazendo, pude perceber que pessoas que transgrediram as leis e que cometeram crimes também se sensibilizam com a música. Como é importante alimentar esses pontinhos de emoção! A música ajuda, assim como as artes em geral. Essa é a razão pela qual a inclusão social hoje faz parte do meu cotidiano. Sinto-me feliz não só pela carreira de pianista ou pela Bachiana Filarmônica Sesi-SP, ou ainda pelos milhares de crianças e jovens que trouxemos para este fantástico universo da música clássica, mas também por um simples cartão que recebi de jovens já com liberdade assistida que trazia os seguintes dizeres: "A música venceu o crime!" Mas essa é uma história que ficará para a letra M de música, porque agora vamos continuar com o meu amor pela letra B, de Bach.

É assim que se inicia meu amor à música. Mais tarde, saber que eu sensibilizava alguém também me fez pensar no amor pela música. Ainda me lembro do meu pai, em minha mais tenra infância, reunindo a família para ouvir música clássica e nos fazendo tentar identificar o compositor da obra. Lembro-me da emoção que sentia com aquilo. Gostava muito de acertar e acertava muitas vezes. Por coincidência, nessa época comecei a estudar e logo a seguir a tocar piano. Nas músicas lentas eu procurava acariciar as teclas, já nas mais expressivas e arrebatadoras as minhas mãos se moviam com amor e paixão. O amor pela música se intensificou de tal forma que, aos poucos, fui descobrindo que ele poderia se desdobrar de múltiplas maneiras.

Por último reproduzo o que meu pai escreveu sobre o amor. No seu último livro, *Breviário de meditação*, lançado quando ele tinha 101 anos, em 2000, ele diz, por exemplo, que "todo pensamento que fortifica o amor em meu coração faz crescer em mim o amor pelo ser humano". E vai mais longe: "Estejamos sempre atentos a melhorar, sem cessar e sem descanso, a qualidade do amor que damos. À medida que se eleva a nossa ideia do dever e da felicidade, o império do sofrimento se purifica. E não é esse império o mais tirânico do destino?

Nossa felicidade depende, em suma, da nossa liberdade interior. Essa liberdade cresce quando fazemos o bem e diminui quando fazemos o mal."

P.S.

Na minha primeira gravação em Sófia, pedi para convidar algumas pessoas para ter a sensação de público na Bulgaria Salle. Ao final, muito feliz com o resultado, aprendi a falar "Amo vocês" em búlgaro, e eles responderam alguma coisa em sua língua natal enquanto chacoalhavam a cabeça negativamente.
Fiquei lívido. Só depois vim a saber que o nosso "não" com a cabeça lá tem o significado oposto: é "sim".

BACH

É por amor que escolho Bach para a letra B. Com certeza é minha maior influência. Sinto-me às vezes como um duplo contemporâneo e brasileiro do maior gênio da música. Já tive várias experiências sonhando com Bach, em que ele sempre me dizia para seguir em frente. Nasci nos trópicos, sou um artista do Brasil, trago um toque apaixonado e até transgressor para a sua obra, mas absolutamente respeitoso. Rendo-me incondicionalmente ao seu talento e à sua criação. Em alguns sonhos acho que nasci para tocar suas músicas – gravei suas obras completas para teclado. É meu ídolo máximo, um semideus, um canal de comunicação espiritual. Certamente tenho uma profunda ligação espiritual com ele. Uma vez corrigi Pelé quando o rei disse que era a personificação de Beethoven no futebol. Na minha opinião, ele era o Bach do futebol. Beethoven era o Maradona – espetacular, mas não era Bach. Bach foi o criador mais decisivo na exploração das potencialidades da música, como Pelé foi da bola.

Imagine uma catedral que alcance a máxima grandiosidade na beleza arquitetônica, na delicadeza dos detalhes, enfim, na sua proximidade de Deus: essa é a obra de Bach. Ela representa um grande momento da humanidade, o auge do que se pode fazer com a linguagem musical. Existem outros gênios da música, mas nenhum deles construiu uma catedral tão alta e tão bem-acabada como Bach. E até hoje ele permanece inabalável no topo da montanha. Sua imagem envolta pelas brumas nos transmite o mistério de onde ele termina e onde se inicia a imagem do Criador. Com Bach, a música alcançou Deus. Dele só posso dizer que é claramente um intermediário das forças espirituais, alguém que aproxima o homem do sagrado. Suas composições nos colocam num plano celestial. Poderia, quem sabe, ser um monge ou um asceta, dada sua profunda espiritualidade.

Bach, um autor do Barroco tardio, foi a síntese de tudo o que aconteceu antes e a profecia do que aconteceu na música ocidental até os dias de hoje. Ele ampliou os limites da música e deixou uma trilha interminável de possibilidades para os criadores que lhe sucederam. Somente um computador da mais nova geração pode explicar a sua escrita musical que une a numerologia à alma. Por isso digo que Deus criou uma fórmula chamada Johann Sebastian Bach e depois não produziu mais nada semelhante. Ele une o século XVIII ao século XXI e faz pensar que alguns homens e mulheres se antecipam ao futuro.

Bill Gates pode batalhar para construir um computador com alma, mas duvido que alcance seu objetivo, pois o único que existiu nasceu em 1685 e faleceu em 1750. Deus guardou a fórmula da formidável máquina humana que foi Bach para outro sistema planetário, não para a Terra. A música que ele preconizava deveria combinar os mais complexos cálculos matemáticos com a alma, alcançar sua profundeza. Quando Bach escrevia uma nova música, conscientemente ele se julgava menor do que era, embora no seu íntimo soubesse que estava deixando um legado para a humanidade. Sabia da grandeza de sua obra. Para ele poderia parecer mais um bom trabalho – era um compositor incansável e tudo o que fazia era de um elevado padrão de qualidade. O Mestre Kantor, nome que se dava aos diretores musicais das cortes – na época de sua morte ele acumulava a direção de quatro igrejas em Leipzig –, superou todos os limites de combinação musical. Foi o grande mestre da arte contrapontística germânica, do latim *punctus contra puntum* (nota contra nota), fazendo com que belas melodias entoadas simultaneamente formassem um efeito polifônico ainda mais belo. E se abriu para toda influência internacional inovadora. Além de compositor inigualável, era um exímio instrumentista. Não houve gênero musical de sua época que ele não praticasse, exceto a ópera, embora suas cantatas da maturidade tivessem um viés operístico.

Embora se sustentasse na força de seu gênio, Bach acreditava no trabalho duro. Dizia que qualquer um que tivesse se esforçado como ele teria alcançado os mesmos objetivos. Era uma antena que captava as descobertas musicais na Europa, sem jamais ter saído de uma pequena extensão territorial da Alemanha na mesma região em que nasceu, não muito longe de Leipzig, onde viveu a maior parte de sua vida. Ouvia e tocava todas as novidades que surgiam, sem preconceito. Além disso, teve uma vida familiar intensa, que lhe exigia atenção. Casou-se duas vezes, com Maria Barbara e Anna Magdalena, e teve 21 filhos, dos quais nove sobreviveram. A segunda mulher, Anna Magdalena, morreu desprovida de recursos por causa de problemas financeiros causados pelos filhos, que consumiram toda a herança do pai.

Bach veio de uma dinastia de músicos brilhantes e continua caminhando através dos séculos e marcando a música posterior. Oriundo de uma família luterana, teve uma formação consistente e era um artista completo. Foi um exímio organista e brilhava no cravo. Tocava violino, cantava, e se destacava como professor e maestro. Sem contar que sabia construir órgãos. Inspecionava a construção, a manutenção e a afinação dos órgãos das igrejas sobre as quais tinha o controle musical. Mostrava como a arte e a tecnologia caminham juntas. Deixou mais de mil composições, fora as muitas que se perderam. Compôs músicas vocais, orquestrais, de câmara, fez peças e experiências para todos os instrumentos com teclado de seu tempo, como o pianoforte, o clavicórdio e o cravo-alaúde. Contribuiu decisivamente para o desenvolvimento do piano, instrumento de cordas e de teclas que surgia na mesma época.

Por incrível que pareça, como compositor, ele não foi devidamente reconhecido enquanto viveu. Talvez porque estivesse muito além do seu tempo. Embora alguns de seus críticos contemporâneos o exaltassem, ele não conquistou o mesmo prestígio que Haendel, por exemplo. Décadas se passaram até que Bach encontrasse seu lugar no panteão das mentes mais brilhantes da humanidade. Enquanto viveu, foi reconhecido como diretor musical e instrumentista, não como autor de obras magistrais. Ficou relativamente esquecido até o começo do século XIX, quando foi compreendido pelos compositores românticos. O principal porta-voz de sua genialidade foi o maior compositor judeu da história, Felix Mendelssohn, que trouxe Bach de volta às cortes europeias e aos círculos da burguesia lá pelos anos 1820. Desde então, Bach foi recuperado para a eternidade.

Bach tinha forte personalidade e não abria mão de seus princípios. Enquanto foi diretor musical em Leipzig, onde ficou de 1723 até sua morte, enfrentou conflitos e crises. Seu envolvimento profundo com suas tarefas – em pensamentos e atos – o fazia parecer, de vez em quando, fora do mundo, mas ele estava sempre pensando em inovações. Fazia o que lhe interessava. Por causa de seu caráter independente, acabou sendo preso. Tinha 32 anos na ocasião. Bach trabalhava na corte do duque de Weimar, Wilhelm Ernst de Saxe. O diretor musical da corte morreu e teve o cargo herdado por seu filho. Bach considerava o sujeito incompetente e buscou novos rumos. Por um salário mais alto, foi trabalhar na corte vizinha de Köthen, comandada pelo príncipe Leopoldo de Anhalt, o que provocou a ira de Wilhelm Ernst, que se sentiu desrespeitado pelo pedido de demissão do músico e decidiu prendê-lo por pura prepotência. O compositor ficou preso por um mês e só foi solto graças à interferência de Leopoldo, que convenceu o rival de que Bach não podia ser silenciado, e fosse permitido a ele tocar, compor e ensinar onde quisesse. Começou a ter problemas de visão aos 46 anos e imediatamente tornou-se mais introspectivo.

Bach se renovava com a erudição do resto da Europa e com a influência popular. Suas músicas se alimentavam de uma tradição que vinha não só de outras cortes e igrejas europeias, mas também do povo. Tenho dificuldade de explicar por que minha relação com Bach é tão simbiótica. São vínculos difíceis de definir, mas que atravessam séculos. O que sei, com certeza, é que fiquei fascinado desde o primeiro instante em que o ouvi, sentindo que estava apreciando uma criação divina. Comecei a tocar suas músicas ainda criança, como se já as conhecesse antes, como se minha mente as aguardasse. Para executar

Bach com perfeição, seguindo a arte contrapontística do Mestre Kantor, a primeira regra é que as duas mãos tenham atividades totalmente independentes, embora perfeitamente coordenadas. Eu costumava brincar que tinha duas mãos direitas. Era a condição para um destro executá-lo com maestria. Para um canhoto seria como ter duas mãos esquerdas. A segunda regra seria respeitar o texto, seguir o que está escrito, com liberdade de interpretação, é claro!

Adoro ler cartas e li as que ele escreveu, que não foram muitas. Lendo e relendo, pude descobrir um pouco do ser humano perfeccionista que ficaria para a eternidade. Cito um pequeno exemplo. Quando ele conheceu um piano ainda rudimentar em 1722 não manifestou grande entusiasmo. Naquela época, embora houvesse muitas invenções, o cravo e o órgão eram os principais instrumentos de teclado. Mais de vinte anos depois, em 1744, ele viu progressos expressivos no novo instrumento. Ele dizia que o verdadeiro instrumento de teclado teria que ter um pulmão de um órgão e a clareza de um cravo. No século XXI, isso significa um piano moderno de Grand Concerto.

O entusiasmo pela sua obra me acompanha desde criança. Nos meus primeiros passos, Bach era a minha cartilha. Depois se tornou minha bíblia. Aos 8 anos meu pai me inscreveu num concurso para tocar Bach e venci meu primeiro desafio. Sinto-me como um missionário de sua obra. É como se a individualidade do intérprete se misturasse com a personalidade do autor e produzisse um resultado expressivo. Ao interpretá-lo, mesmo reconhecendo que sou simplesmente um mortal, tento mostrar uma visão individual de um dos maiores gênios da humanidade. Faço isso com humildade e, ao mesmo tempo, com convicção.

Durante anos hibernei na sua obra para entendê-la e mostrar a visão de um latino-americano brasileiro de suas composições. Bach é barroco mas ao mesmo tempo é clássico e, também, romântico. Tudo está contido no seu trabalho. Dá para chamá-lo até de impressionista ou mesmo de moderno. E não paramos por aqui, pois ele chegou a ser um compositor serial, metodologia tão usada no século xx, conhecida pelo dodecafonismo, e até jazzístico. Para ficar com um exemplo bem nosso, Tom Jobim bebeu muito na fonte de Bach. Mesmo sem saber, qualquer músico contemporâneo bebeu nessa fonte. Quando Villa-Lobos resolveu escrever as *Bachianas brasileiras*, ele sabia que Bach era o único compositor que daria o link com sua obra. Certamente Villa-Lobos não encontraria uma fórmula para escrever uma série chamada Mozartianas brasileiras, ou Beethovenianas brasileiras.

Com Bach eu estabeleci uma relação, como se o compositor europeu pegasse uma caravela e viesse conhecer o Brasil. Respeito o texto original, mas dou a visão de um brasileiro de sua obra. E para isso você precisa ter uma coragem danada. A concepção rítmica e melódica de um pianista nascido nesta parte dos trópicos certamente não é a de um europeu. As diferenças na interpretação são afetadas, de maneira sutil, pela cultura. A perfeição na execução da obra, porém, é obrigatória, mesmo com as diferenças que a cultura expressa. Fui instigado a procurar, de forma constante, um detalhe, um efeito sonoro, um virtuosismo quando necessário no teclado, transformando o meu piano numa orquestra, assim como hoje transformo minha orquestra num piano.

Sempre me emociono com a frase de Ludwig van Beethoven. O gênio da *Nona sinfonia* dizia que *Bach* significa riacho em alemão, mas no seu caso deveria significar oceano, ao que acrescento que realmente deveria significar universo. Dizem que *O cravo bem temperado* e seus 48 prelúdios e fugas são o Velho Testamento da música, e as sonatas de Beethoven, o Novo Testamento. É uma boa colocação. Ambos foram conservadores revolucionários, combinaram tradição com revolução. Adoro o conservadorismo com inovação, alguém que explora potencialidades que estiveram subexploradas. É no *Cravo bem temperado* que talvez se defina o topo da música universal, os mais profundos ensinamentos de Bach. Essa obra sempre foi minha obsessão.

Durante toda a minha vida, embora também executasse outros compositores, Bach foi o principal e é por ele que eu me guio, inclusive como maestro. Dei centenas de recitais só com obras dele nos Estados Unidos. Quase metade das minhas apresentações públicas foram composições de Bach. Em Los Angeles, e depois em Sófia, na Bulgária, gravei sua obra para teclado num magnífico piano Steinway, certamente o piano que Bach imaginou quando buscava o instrumento de teclado perfeito.

Com 13 anos comecei uma carreira no Brasil. Com 15 ou 16, meu pai falou para o professor Kliass que gostaria que eu tocasse *O cravo bem temperado* inteirinho. Contando os dois volumes, a coleção soma 96 peças. Antes de um ano, dei quatro concertos seguidos no Theatro Municipal de São Paulo tocando *O cravo bem temperado* de cor. A primeira vez que toquei os 48 prelúdios e fugas lá, lembro que entrei no palco cheio de energia, totalmente focado, com o único objetivo de fazer jus à sua obra.

Tão jovem, eu queria reverenciar não o gênio, mas o amigo com o qual nos meus sonhos conversava durante a madrugada. Sonhei muito com Bach, e assim foi durante a minha carreira de pianista. Sonhei com ele no Natal, após encerrar uma gravação em Los Angeles, às três da manhã, quando nos preparávamos para devolver os equipamentos. Sempre gostei de gravar em teatros, não em estúdios, embora eventualmente isso fosse necessário. Gosto da reverberação natural do teatro, que somente muita madeira no acabamento interno pode proporcionar. Nessa gravação de Los Angeles não gostei do resultado e telefonei para o produtor e para o engenheiro de som para, em uma hora, repetir uma das obras porque ela não tinha saído bem. Decidi refazer. Moral da história: foi uma das melhores gravações que realizei na vida. Quanto mistério entre o céu e a terra!

Eu me pergunto aonde cheguei realmente. Muita gente fala aqui no Brasil que sou o maior intérprete de Bach. Não. Não sou o maior. Mas se fizer uma lista com os intérpretes *top five* de Bach no século XX, eu sei que estarei no meio desse grupo. Muita gente pode considerar, isso eu tenho certeza, a minha contribuição para sua interpretação. Tanto que, quando me despedi do piano, a maior revista alemã, *Der Spiegel*, fez uma reportagem de seis páginas a meu respeito, agradecendo a minha contribuição para a obra de Bach. E publicou: "Obrigado pelo que você fez por Bach." Só posso me sentir lisonjeado.

Na minha opinião, o maior intérprete de Bach foi o canadense Glenn Gould. Ele era um gênio da música. Minha gravação de *O cravo bem temperado*, por sua originalidade, foi comparada às versões radicais de Gould pela crítica norte-americana, europeia e asiática. Mas eu tenho meu estilo, sou diferente dele, carrego latinidade. A verdade é que essa história de quem é o melhor se mostra sempre muito complicada. Lembro-me do conselho surrealista que o pintor Salvador Dalí me deu, depois de saber, por Olga Praguer Coelho, companheira de Andrés Segovia, dos meus recitais no Carnegie Hall tocando Bach. Estávamos no Russian Tea Room, um restaurante famoso na rua 57, em Nova York, quando ele se levantou para sair, acompanhado de Mia Farrow e sua mulher, Gala. Ao passar por minha mesa, apoiado em sua bengala, ele disse: "Você é um pianista maravilhoso, mas tenho que lhe dar um conselho: diga a todo mundo que você é o maior intérprete de Bach da história. Pode demorar uns quinze, vinte ou trinta anos, mas um dia vão acreditar em você. Eu digo que sou o maior pintor do mundo há muitos anos e já tem gente que acredita." Essa história foi contada em várias revistas americanas e inglesas.

De quatro em quatro anos, há uma espécie de copa do mundo do piano com a obra de Bach – a International Johann Sebastian Bach Competition –, em Leipzig, Alemanha. Em 2002, os alemães me convidaram para ser presidente do júri, o que considerei uma honra. A comissão era composta pelos maiores especialistas em Bach no mundo. As apresentações dos quase cem candidatos foram excelentes, tecnicamente perfeitas. Mas lembrei-me de uma publicidade americana sobre hambúrguer que, se não me falha a memória, dizia "*Where is the beef?*", e eu perguntava a mim mesmo onde estariam a alma e o coração dessas interpretações. Mesmo assim, tivemos ótimos candidatos.

Em 2010, voltei ao júri desse concurso e tenho de reconhecer que muitas vezes tive sono ao ouvir repetidamente a mesma peça. Confesso que fazia um esforço para não dormir. Jurei nunca mais na vida participar de uma comissão julgadora, e cancelei minha presença no corpo de jurados de um concurso em Leeds, na Inglaterra. É uma tarefa árdua ser júri em uma competição. Se já é difícil julgar a si mesmo, quanto mais os outros.

Uma noite sonhei que a alma do mestre estava ao meu lado enquanto eu tocava a *Suíte francesa nº 5*. Eu estava interpretando emocionado. No final ele me disse que não concordava, mas achava lindo.

Finalmente, escrevendo estas linhas de improviso, acabei descobrindo por que muitas vezes tenho alergia a ser júri de qualquer competição; muitos jurados, que não são artistas, estão condenados ao desaparecimento. Imaginem que fizeram uma pesquisa na Alemanha, no século xviii, em que Bach foi considerado somente o sétimo melhor compositor germânico da história. Bach é o maior compositor de toda a história!

Considero este capítulo diretamente conectado ao primeiro, sobre o amor. Em termos de solidariedade, Bach foi um exemplo. Uma de suas ações mais nobres era a de professor – era generoso em compartilhar seu conhecimento. Além de tudo, como mostra uma carta que escreveu em Leipzig, ele hospedava muitos alunos em sua residência. Bach, quando tocava, estava ensinando. Suas invenções e sinfonias possuem claramente um sentido didático para capacitar o estudante a interpretar a música a duas ou três vozes de maneira correta. Era um professor disputado por jovens que queriam se desenvolver em várias modalidades musicais. Os prelúdios e fugas de *O cravo bem temperado* foram sempre uma prova de virtuose, que superava em termos de lógica, forma e acabamento o que havia sido feito anteriormente e abria caminho para o futuro. Pode-se dizer, sem exagero, que a publicação do primeiro volume de *O cravo bem temperado*, em 1722, é um grande marco da música europeia. Sua influência nos meios letrados foi rápida e dramática. Foi como um novo campo de conhecimento que se abria.

Quando fui presidir a International Johann Sebastian Bach Competition, cheguei de carro e procurava a praça central, em Leipzig. Na minha cabeça, era como se chegasse numa carruagem, no ano de 1740, e deparasse com uma paisagem do passado. Tive a sensação de que já havia estado naquele lugar, vivido uma situação parecida. Foi um sentimento muito estranho. No meu imaginário, sempre digo que a minha missão é considerar Bach um personagem do século XXI. Mas naquela hora estava fazendo o inverso. Mergulhara no século XVIII.

Na igreja de Saint Thomas, depois de subir os inúmeros degraus da escadaria até a torre, imaginei o próprio Bach, de quando em quando, fazendo esse percurso. Fiquei sentado algumas horas na igreja, perto de seu túmulo, imaginando como seria tudo aquilo nos idos de 1730. Andava por Leipzig nos intervalos entre as provas e parecia estar caminhando ao seu lado. Ao ler um manuscrito, imaginava que poderia ajudá-lo em sua visão prejudicada e copiar a mensagem caso ele necessitasse. Bach ficou cego.

Ao visitar o Bach Archive, que é praticamente um museu de Bach, onde estão expostos vários pertences do Mestre Kantor, fiquei aturdido. Conversei com estudiosos durante quinze dias e me aprofundei um pouco mais na sua personalidade, ora humanitária, ora intempestiva. O Bach Archive fez uma deferência a mim trazendo não uma cópia da partitura, mas o original de *O cravo bem temperado*, que fica num cofre climatizado de um banco alemão.

Senti-me muito próximo dos saraus que o compositor organizava – o Collegium Musicum – e dos senhores que o ajudavam como se fosse um semideus. Mas naqueles dias, quando iria retornar a Berlim, onde pegaria o avião, uma ideia me passou pela cabeça. Fiquei pensando se teria valido a pena conhecer tantos detalhes da vida do mito ou se teria sido preferível deixar suas paisagens e seus objetivos simplesmente na minha imaginação. Mitos são quase imortais para nós, mas passam a ser mortais quando os conhecemos, nos aproximamos demais deles. De qualquer forma, concluí que sua obra era imortal, indestrutível. Ele não, ele se foi. Mas sua memória está eternizada em sua obra.

A grande questão deste capítulo é que vale a pena ter um ídolo, uma ou várias referências de trabalho e personalidade, alguém que se admire quando jovem e que persista como exemplo mesmo quando a gente vai envelhecendo. Bach é meu parâmetro de criatividade e alto desempenho. Também teve uma trajetória admirável, coerente e fiel a suas crenças. Se ele viveu alguns séculos antes de mim, não faz mal, pois sempre continuará sendo alguém cuja imagem se mantém intacta. Não importa que seu ídolo seja alguém do passado. Nem que esteja vivo ou morto. Gosto do fato de que foi tocando Bach que obtive um disco de ouro nos Estados Unidos por álbuns vendidos pelos correios. Bach sempre me deu sorte. Não seria quem sou se não fosse por ele. De alguma maneira, ouvi-lo e tocá-lo definiram minha personalidade, me fizeram uma pessoa melhor. Só posso recomendar veementemente que vocês ouçam Bach. E comecem por *O cravo bem temperado*.

P.S.

Johann Sebastian Bach me causou um problema no Canindé, num jogo da Portuguesa. O meu amigo Vital, diretor do time, me apresentou a uma senhora e disse: "Sabe quem é este senhor?" Ela não sabia. Meu amigo continuou, num tom indignado: "João Carlos Martins! O maior intérprete de Bach! A senhora imaginava se encontrar com João Carlos Martins, o maior intérprete de Bach, aqui no Canindé?" Ao que, de pronto, ela respondeu: "Acontece que eu não frequento barzinhos, meu senhor!" Virou-se, indignada, e saiu, pisando duro.

CONCERTO

O que é um concerto? Tudo aquilo que se combina nos ensaios, com exceção das coisas que não dão certo. Nem sempre o público tem conhecimento do que significa uma apresentação para um artista. É o instante da consagração, o momento de maior satisfação e ansiedade, a realização de um longo trabalho, que envolve ensaios e dedicação. O verdadeiro artista sempre entra no palco com uma missão: transmitir ao público, com sua performance, a própria emoção, que, no final, vai ser transformada num sorriso de felicidade ou numa lágrima emocionada. O artista verdadeiro tem que ser uma espécie de ímã que atrai todas as pessoas para o seu lado durante a apresentação, sem que elas consigam se desgrudar do que estão vendo. O concerto é uma máquina do mundo. Na sua integridade, ele reproduz o universo.

Lembro-me da minha estreia em concertos ainda na infância e da rivalidade criada pelos aficionados de música clássica que não sabiam diferenciar arte de regionalismo. Faz muito tempo que participo de concertos. Naquela época, Rio e São Paulo tinham a mesma rivalidade que Argentina e Brasil. Torcidas têm um componente irracional, quase doentio. Essas diferenças, como é bem conhecido, eram vivenciadas principalmente no futebol. Mas acabaram transbordando para a música.

No Rio, o menino-prodígio do piano era Arthur Moreira Lima, na minha opinião, ao lado de Guiomar Novaes, os dois maiores talentos pianísticos da história do nosso país. Em São Paulo o menino-prodígio era eu. Na primeira metade dos anos 1950, tanto no Rio como em São Paulo, a maioria dos críticos incentivava minha carreira e a de Arthur, mas alguns faziam intrigas, estimulavam a rivalidade, julgavam negativamente o pianista de fora. Resumindo, um ou outro paulista criticava o Arthur e um ou outro carioca me criticava. Mal sabiam eles que éramos dois meninos a caminho da juventude com o desejo de tocar piano da melhor maneira possível e sem qualquer preocupação um com o outro que não fosse saudável. Felizmente esses aficionados localistas eram minoria, embora fizessem barulho.

Após minha estreia no Rio, que coincidiu com a dele em São Paulo, posso dizer que a imensa maioria viu nos dois um futuro mais do que promissor. Logo o Rio passou a ser a minha praia, e São Paulo, a dele. Coisas do destino. Foi incrível, após esse primeiro recital simultâneo, quando a principal professora carioca, Lúcia Branco, reuniu seus alunos para me entregar uma placa de prata. O mesmo fez o professor Kliass com Arthur. Eu e Arthur nascemos no mesmo ano, 1940, e somos cancerianos. Ambos recebemos o dom do piano. E criamos uma amizade que dura até hoje. Adorávamos tocar juntos – falando nisso, precisamos comemorar os 80 anos meus e do Arthur no palco. Quando nos apresentávamos Brasil afora tocávamos de tudo, mas ele se especializou em Chopin, e eu, em Bach. Ainda garotos éramos bastante experientes em palcos.

Citei esses fatos simplesmente para explicar como a palavra concerto, com orquestra, ou recital, somente um instrumento – no meu caso, o piano –, passou a fazer parte do meu cotidiano desde muito cedo. E vou explicar um pouco neste capítulo como se executa um concerto. O recital é uma experiência solitária, o concerto implica a participação de diversos músicos, com ou sem um solista. Embora eu me refira ao mundo da música, pretendo sempre ir além da minha arte. Toda atividade tem desafios, e a condução de uma orquestra envolve gestão de pessoas, planejamento e busca de resultados. Quero que a minha experiência sirva para qualquer trabalho em equipe. Pode ser numa empresa ou num time de futebol. Para resumir, um concerto é um projeto artístico que até chegar ao ponto de execução precisa ser planejado, longamente ensaiado, testado e regido.

Existem alguns fatores essenciais para a execução de um concerto. Primeiro, os artistas que compõem a orquestra têm que manter a mesma concentração em qualquer espetáculo. Precisam estar muito focados. Seja o concerto realizado em um grande e importante teatro do mundo, seja numa apresentação na periferia de uma cidade que raramente tem acesso à música clássica. Todos os públicos devem ser respeitados. Isso, para mim, é um princípio. Concentração para um músico e para qualquer profissional significa comprometimento. O concerto ou recital tem que dar direito aos espectadores de apreciar e julgar obras clássicas e admirar a interpretação dos artistas. Conforme adquire o hábito, o público quer saber como o Herbert von Karajan ou o Leonard Bernstein transmitem a sua visão da *Quinta sinfonia* de Beethoven, por exemplo, ou de alguma obra de Mozart.

O formato de concerto como pensamos hoje se desenvolveu na primeira metade do século XVIII, na época de Bach. Ele é formado pelo maestro, pelo solista, ou solistas, e pelos músicos. O número de músicos é variável. A Bachiana Filarmônica tem um elenco fixo de 65 músicos, mas se apresenta com mais ou menos integrantes de acordo com o repertório. Richard Wagner regia uma orquestra com 90 músicos ou mais. Se há um campo em que o concerto está passando por inovações é no sentido de ampliar seu repertório. O objetivo principal das mudanças é aumentar o público da música clássica e das orquestras. Tenho para mim que só existe um tipo de música: a de bom gosto. Dessa forma, de quando em quando é bom misturar alguns gêneros para que o público popular passe a gostar da música clássica e aqueles que eu chamo de "nariz empinado" respeitem a música de qualidade de origem popular. Já na época do Barroco, grandes compositores aproveitaram músicas do folclore para tornar sua obra mais acessível ao gosto popular. Incorporavam melodias que eram cantadas pelo povo em suas composições.

Maestro, solistas e músicos devem trabalhar plenamente entrosados para que um concerto funcione. A concentração do maestro e do solista tem que se iniciar horas antes da apresentação e somente acabar após a última nota. No caso de um solista, ele pode até ser arrojado em sua interpretação, conforme sua inspiração do momento, já o maestro não deve alterar o combinado em pleno concerto, mas podem todos estar mais ou menos inspirados na hora da execução. O maestro deve cumprir o que acertou com os músicos durante os ensaios. É neles que o regente imprime sua personalidade na obra. A emoção que o maestro passa para os músicos da orquestra tem que ser a mesma que passa para o público através do gestual e do resultado da interpretação da obra.

No esporte é normal você registrar aquilo que chamamos de apagão. Num jogo de vôlei isso às vezes acontece, não em um concerto de verdade. Não se trabalhar para isso. É difícil, mas, caso aconteça, a presença de espírito e a agilidade de raciocínio do maestro têm de produzir uma resposta imediata. Naquele segundo o concerto se transforma em conserto, com s.

Se um músico tem uma pequena falha, não olhe para ele naquele momento. Isso pode atrapalhar a performance dele numa passagem futura. E, quando a passagem for sabidamente de grande dificuldade para qualquer um, deixe o músico fluir sem um olhar inquisidor que o faça se sentir cobrado ou desafiado. Ele próprio sabe do desafio. Devemos conhecer as pessoas e confiar no nosso time. O importante para os artistas é fazer música, se apresentar, mesmo que aquela obra esteja sendo tocada várias vezes numa turnê. Profissionalismo é entregar o que nos pedem. Nunca podemos nos acomodar, já que o propósito de um concerto é transmitir emoção com qualidade. Dessa forma, memorizar uma obra, como solista ou maestro, sempre é bom porque mantém o artista focado no principal. Quase todas as apresentações da minha vida foram de memória. E esse hardware só melhora.

Uma vez em Cuba, outra nos Estados Unidos e, finalmente, uma em São Paulo: só tive três falhas de memória durante minha carreira de pianista. O lapso durou alguns segundos que pareceram uma eternidade. Lembro-me de que não consegui dormir naquelas noites e até hoje, após muitos anos, sei exatamente quando errei. E olha que na minha vida fiz mais de 3 mil apresentações ao piano e mais de mil como maestro.

Vaidade talvez faça parte de sua reação após uma bela performance. Mas prefiro atribuir o prazer ao reconhecimento do público, que você sente no final da música. Evidentemente, há dias em que a inspiração é maior. O público ajuda, os bastidores contribuem, todo mundo trabalha a favor, você acorda com uma disposição diferente, não tem nenhuma contrariedade. Nesses dias você sente uma presença divina ao seu lado. Caso essa conjunção de fatores não esteja presente, o que, diga-se de passagem, é o mais comum, trate de se concentrar ao máximo para, pelo menos, fazer música com o mínimo de dignidade.

Nas minhas apresentações já aconteceu também, uma ou duas vezes, um erro de informação no programa, com indicações diferentes daquilo que seria executado. Não foi, ainda bem, em grandes centros musicais e teatros bem equipados, mas quando isso acontece você precisa ter a humildade de informar ao público a alteração do programa. O público sempre merece o melhor tratamento.

Há coisas que você não esquece. Uma vez, em Birmingham, no Reino Unido, durante um concerto, eu estava murmurando notas. Sempre faço isso de forma quase inaudível. Naquele dia eu estava tocando o *Concerto nº 3* de Beethoven e emitindo sons. Confesso que sou muito desafinado para cantar. Eis que, no intervalo da apresentação, vejo o *spalla* da orquestra se aproximando. Ele chegou perto e disse, em tom jocoso: "Mister Martins, pode cantar, se quiser, mas se for afinado seria melhor."

Na minha estreia, aos 20 anos, no Carnegie Hall, em Nova York, o maestro da National Symphony Orchestra me chamou de lado, antes de entrar no palco, e disse: "Você não sabe muita coisa de música." Para mim aquilo foi um choque, mas, em seguida, ele continuou: "Eu também não sei muita coisa." Fiquei mais aliviado. E depois, olhando para os músicos da orquestra, ele enfatizou: "Eles também não sabem muita coisa." E, finalmente, abriu uma janelinha pela qual você podia ver o público. O teatro estava lotado. E concluiu: "Mas eles sabem muito menos do que nós." Entrei como um touro numa arena, certo de que iria derrotar o toureiro. Detesto touradas, mas a metáfora é boa. É assim que até hoje encaro um concerto, que, no fundo, é o resultado da sua disciplina, dos seus sonhos e daquele dom que você recebeu.

O público é de suma importância e tem que ser tratado com carinho. A produção não pode criar surpresas. Um artista jamais deve obedecer ao cerimonial que pede para atrasar um concerto, por exemplo, por causa da demora de um político ou de qualquer autoridade. Se o concerto está marcado para as 21 horas, não pode se iniciar nem às 20h59 nem às 21h01, a não ser por um problema ocasionado pelo trânsito na região, o que é comum em algumas cidades. O artista, se não houver nenhum fator extraordinário, algo realmente inevitável, deve respeitar o horário e honrar o público que chegou na hora marcada para vê-lo.

Uma vez fui realizar um concerto por uma causa suprapartidária ao lado de uma grande atriz, que já tinha me avisado que participaria sob a condição de não ser um evento político. Porém, alguns minutos antes do início, um político, que até admiro, resolveu que faria um discurso sem nos comunicar nada. Eu taxativamente disse: "Num avião, quem manda é o comandante; no palco, é o maestro", razão pela qual dispensei o discurso e iniciei o concerto. Também o público tem que demonstrar um sentimento de cumplicidade e respeito pelo intérprete.

É inimaginável como o ruído de uma bala sendo tirada da embalagem pode atrapalhar. Nem sempre atrapalha o artista, se ele estiver concentrado, mas atrapalha a própria plateia, o que interfere no espetáculo, afinal o público faz parte dele.

Hoje em dia é normal a presença de crianças em concertos, especialmente os matinais ou vespertinos. É uma prática que eu pessoalmente estimulo. Mas se o bebê ou a criança estiver desconfortável e começar a chorar, por exemplo, a mãe ou o pai tem que retirá-la da sala para não prejudicar as outras pessoas que estão lá e querem assistir ao concerto. A relação entre público e orquestra envolve uma cumplicidade entre as partes – músicos e plateia.

Acidentes ocorrem uma vez ou outra em concertos, mas o perfeccionismo do trabalho nos bastidores pode evitá-los. Um dos meus concertos mais especiais, pelo menos na nova fase da minha vida, aconteceu na noite de 17 de novembro de 2003, quando deixei de ser pianista para me tornar maestro. Foi um espetáculo único e um momento em que sacramentei minha transição musical.

Na primeira parte da apresentação toquei, usando apenas cinco dedos – os dois polegares, os dois indicadores e o anular da mão direita –, duas peças do americano Chris Brubeck, ambas baseadas em prelúdios de Bach. Consegui tocar com precisão, apesar de meus dedos mal se articularem. O maestro Júlio Medaglia, regente da primeira parte da apresentação, disse que eu havia inventado um jeito próprio de tocar que superava grandes dificuldades. Lembro quando me levantei da banqueta e vi o público me incentivando cada vez mais. Júlio se impressionou com meu esforço para dar algum tipo de comando aos meus dedos.

Na segunda parte, já na função de maestro, regi o *Concerto de Brandenburgo nº 3*, de Bach, é claro! Havia um clima de euforia na Sala São Paulo. Por incrível que pareça, na hora não fiquei apreensivo. Fazia quatro meses que estudava regência, mas contava com uma longa experiência como solista de orquestra. Claro que essas transições não são naturais. Envolvem aptidão e esforço. Por isso me sentia na condição de aprendiz, mas seguro de que faria certo. Tantas jornadas ao piano e uma total imaturidade como maestro. Houve, sim, momentos de insegurança, tanto que cheguei a dizer na ocasião: "Estou pegando dica até com o guarda de trânsito." Apesar das brincadeiras, estudava pesado para me preparar para o novo ofício – na verdade, continuo estudando. Tenho uma dedicação natural ao estudo. Mas naquele período de aprendizado acordava diariamente às 6 da manhã e ficava no mínimo três horas dedicado a aprender os segredos do novo ofício. Normalmente ultrapassava esse período fácil, fácil!

Havia dois aparentes problemas no novo ofício: virar as páginas de uma partitura e segurar a batuta. Esta eu dispensei logo de cara por causa dos problemas com as mãos. Segurá-la seria impossível. Ou me concentrava em segurar a batuta ou me concentrava na música. Optei pela segunda. Mas não tenho nada contra batutas, que têm uma história muito interessante. São pequenos bastões ou varas e podem ser de madeira ou marfim. Junto com o fraque, elas caracterizam o maestro. Atribui-se a sua invenção ao compositor francês Jean-Baptiste Lully (1632-1687), mestre de capela de Luís xiv e autor, entre outras obras, do hino nacional do Reino Unido, "God Save the King" (ou "Queen"). Antes das pequenas batutas, com 30 a 50 centímetros, os maestros marcavam o tempo batendo no chão um grande bastão, que podia chegar a 2 metros de comprimento. Enquanto dirigia um concerto no palácio real, Lully acabou acertando o pé com o bastão e teve graves ferimentos. As feridas gangrenaram e ele acabou morrendo.

As batutas como as conhecemos hoje começaram a aparecer nas mãos dos maestros europeus no início do século xix. O uso atual foi definido pelo compositor e maestro Carl Maria von Weber, em um concerto realizado em 1817. Weber foi seguido por Mendelssohn, que ajudou a promover a batuta. Mesmo assim, elas estão longe de ser uma unanimidade. Alguns maestros memoráveis, como Leopold Stokowski, Kurt Masur e Pierre Boulez, se notabilizaram por não usar batuta. Estou, portanto, bem acompanhado.

Quanto às partituras, muito raramente as uso em minhas apresentações pelos motivos que já expliquei: porque prefiro tocar e reger de memória. Tenho milhares de páginas de músicas na cabeça e procuro não esquecer. Só de Bach, eu tinha 400 composições individuais gravadas na mente. Trato de me preparar para tudo o que faço, sou pontual e procuro ser produtivo. Tento aprender uma música rapidamente, mas já fui melhor. Tão importante quanto a rapidez que eu tinha nos dedos é a busca da interpretação, da intensidade e da totalidade da música. Procuro a paixão que nasce com a composição.

Assim que leio, quero entender o que o compositor quis dizer. Qual é a carga de emoção que deve ser colocada na música? Há uma intensidade ideal. Era nisso que eu pensava quando voltava ao piano, depois de reger Bach, para tocar a peça de encerramento de uma apresentação, por exemplo, o Hino Nacional Brasileiro. Sou brasileiro, nunca me esqueci disso. Cada vez que subo num palco para reger um concerto, em qualquer lugar do mundo, lembro-me das minhas origens, da minha raiz. Adoro fazer concertos pelo Brasil, conhecer cidades novas, ir a lugares distantes, sentir a reação de públicos diferentes.

Virei a página do passado. Muito raramente ouço minhas gravações de pianista. Hoje eu rejo. Antes de qualquer ensaio, ouço a peça várias vezes – para eliminar as dúvidas e saber aonde quero chegar. Tem uma coisa que é bem legal na regência: trabalhar realmente com os outros. Como pianista, você acaba virando uma pessoa muito voltada para si mesmo. Regendo uma orquestra, passa a ver o mundo de outra forma. Acaba considerando o problema de cada músico como um problema seu. Eu me sinto como um paizão de todos. Isso me ajudou a crescer como pessoa. Essa mudança do foco individual para um olhar de conjunto afetou meus valores.

Não contei ainda que comecei a estudar regência depois de sonhar com o falecido maestro Eleazar de Carvalho dizendo: "Vá, Jão, vá ser maestro na vida!" Quatro meses depois desse sonho estreei na função no palco e vi que tinha feito a coisa certa. Tratava-se de uma mudança complexa. Da posição de solista, passei a ser o condutor da orquestra. Isso envolve alterações de funções cerebrais e o desenvolvimento de uma nova sensibilidade. O acompanhamento dos músicos depende, por exemplo, do desenvolvimento de um olhar lateral para o maestro. Minha conversão em maestro abriu um novo campo de trabalho, me deu novo foco e me transformou como ser humano. O título deste livro também poderia ser "Como mudar seus valores". Fiz uma transição profissional com planejamento e usando ao máximo os recursos disponíveis. Antes dizia que tocar piano para mim era como respirar. Agora digo a mesma coisa da regência. Nada me dá mais prazer do que reger um concerto.

P.S.
Graças a um conceito global, todo mundo,
ou pelo menos quase todo mundo, desliga o
celular quando entra num teatro, num cinema
ou numa sala de espetáculo. No mínimo deixa
o aparelho no modo silencioso. Mas... lembro
bem que no primeiro concerto que dei como
maestro fora da cidade de São Paulo, em Jaú,
no interior do estado, há cerca de quinze anos,
um celular tocou. E o pior, durante o concerto.
Sem saber de quem era o telefone, meu
spalla na época, Laércio Diniz, me aconselhou:
"A maioria dos maestros chega a interromper
um concerto quando um celular toca durante a
apresentação e repreende o dono do aparelho;
afinal de contas, isso é um desrespeito!"
Ao que respondi: "E o que fazer quando o
celular é do maestro?" Nunca mais aconteceu!

DISCIPLINA

Eu sempre digo que o dom de Deus é 2%. Os outros 98% são disciplina e persistência. Sem os 98% nada acontece. Sem os 2%, também não. O dom de Deus vale zero se você se perder pelo caminho. Disciplina é esforço diário e criação de rotina para se alcançarem determinados objetivos. O meu sempre foi a interpretação. Sou movido pelo perfeccionismo. Nos tempos de pianista buscava alcançar a intenção do autor. Na pauta, via o que ele queria que fosse feito. A busca pela perfeição era tamanha que, com 15, 16 anos fazia, numa escala, 21 notas por segundo. E nisso acabei destruindo aos poucos as minhas mãos, mas alcancei minhas metas. Queria desenvolver uma digitação especial para as obras de Bach. Procurava fazer o melhor. Se você me perguntar se eu era um grande intérprete de Chopin, eu digo que não e enfatizo: vamos procurar o Arthur Moreira Lima. Mas Bach no piano era a minha praia.

Quando encontro um jovem instrumentista nos meus projetos sociais, a primeira pergunta que faço é quanto tempo ele pode estudar todos os dias. Independentemente do tempo proposto, tenho uma resposta imediata. Por exemplo, se ele responde que pode estudar uma hora por dia, digo: então, nesse caso, você vai me prometer que em nenhum dia você vai estudar menos de 50 minutos nem estudar mais de uma hora e dez minutos, divididos conforme orientações do seu professor. É ele quem vai controlar o seu diário de bordo, como costumo chamar a caderneta de atividades do aluno. Se por acaso o aluno perceber, antes de dormir, que naquele dia só estudou 45 minutos, o ideal é que ele pegue seu instrumento e estude mais cinco minutos para completar o mínimo de 50 minutos, e só depois vá para a cama. Após um ou dois meses, esse jovem irá pedir para aumentar seus estudos para o mínimo de 1h20 e o máximo de 1h40, e assim por diante.

Nesse momento a pessoa entende o que significa a palavra disciplina. Disciplina é um negócio sério. Você precisa acordar todo dia e repetir para si mesmo: vou fazer isso. Até que chega um ponto em que você não precisa pensar mais, se torna automático. É a repetição, o teste, que nos leva aos melhores resultados. Quem não treina não joga. Fazer direito é alcançar um padrão de qualidade. E para isso é necessário estudar, saber diferenciar o perfeito do imperfeito na sua especialidade e buscar o primeiro a todo custo. Insista, não desista ao primeiro abatimento. Sem disciplina não se chega a lugar algum. Em certas fases da vida pode acontecer a um profissional se dispersar por diversos motivos – amor, saúde, sexo, vícios – e se tornar indisciplinado, o que é uma traição a si mesmo. São momentos de negatividade pelos quais todo mundo passa. É como aquele jogador de futebol que relaxa com os treinos. Uma coisa não deve atrapalhar a outra. Se isso está acontecendo, há algo errado. Devemos buscar o equilíbrio em todos os aspectos.

Sou disciplinado na vida e na obra. Tenho meus horários, durmo tarde e acordo cedo, quando estou em casa faço mais ou menos as mesmas coisas, me exercito, me alimento bem, bebo com moderação. Diariamente ensaio sozinho. Ensaio com a orquestra duas ou três vezes por semana e tenho muitas viagens. Não há semana em que não faça uma apresentação. Estou sempre a caminho de algum lugar. Posso estar um dia no Amazonas e, dois dias depois, em Itaquaquecetuba, vizinha de São Paulo. Para fazer tudo isso preciso ser disciplinado. Sou um pouco desligado por causa da concentração na música. Minha cabeça tem dificuldade com as questões mais práticas e confesso que preciso de ajuda. Sem o apoio dos bastidores nada seria possível. As coisas só acontecem porque tem gente que ama você ou se esforça ao seu lado, compensando suas deficiências e ajudando a fazer a rotina acontecer.

A disciplina fez e faz parte do meu dia a dia e certamente me ajudou a vencer as adversidades que enfrentei. Quantas manhãs eu acordava e perguntava a mim mesmo por que eu estava me esforçando tanto. Logo cheguei a uma resposta: porque queria, porque adorava tocar piano. Meu pai foi minha inspiração, ele nos forjou na disciplina, esse tema tão importante na formação das pessoas e, por que não dizer, de um país. Aos 101 anos, José ainda caminhava dois quilômetros por dia; aos 100, resolveu aprender a manipular um computador, coisa que eu até hoje não faço. E lia vários jornais diários. Foi chamado de vovonauta, de tanto que ficava na internet.

Na infância, eu e meus três irmãos nos dedicamos, sob sua orientação, a escrever resumos de livros em que as palavras otimismo, determinação, força de vontade, etc., etc., deveriam fazer parte. Líamos algum livro que ele escolhia e traduzíamos em miúdos num texto escrito com clareza. Ele nos ensinou o amor às artes e à cultura em geral. Essa é a razão pela qual os quatro filhos mantiveram uma conduta rigorosa durante todos esses anos. Pode-se dizer que, na nossa educação, tivemos a disciplina de um militar misturada com a de um seminarista e a de um esportista. Para ser franco, nosso pai formou todos os filhos para serem maratonistas. Gostamos de desafios intelectuais.

A disciplina se busca individualmente em todas as atividades, sempre que se precise alcançar uma alta performance. Alguns devem saber que a música é uma das atividades que mais exigem disciplina. Para realizar seu ofício de maneira adequada, o músico precisa estudar a vida inteira com afinco. Atrevo-me a dizer que o caminho de um instrumentista para aprimorar seu desempenho é um dos mais árduos entre todas as profissões. Claro que todo mundo que ocupa a zona de excelência em seu campo profissional precisa se esforçar muito. Mas acho importante deixar claro que não se trata só de trabalhar loucamente. O disciplinado é aquele que usa bem seu tempo. É preciso otimizar as horas disponíveis para o trabalho, ser disciplinados de uma maneira inteligente e não meros robôs que repetem atos sem pensar.

Pode parecer que um maestro ou um ator, por exemplo, esteja realizando uma performance apenas por prazer, que o ato de criar seja puramente hedonista. Tudo é tão agradável, o resultado nos encanta, as pessoas estão vivendo uma fantasia. Mas a dura verdade, meus amigos, é que para chegar ao momento da apresentação, qualquer artista passa por lágrimas, suor, frustrações e inseguranças. Não há arte sem sofrimento. Quem mergulha em si mesmo encontra dores e alegrias. A dor da vida nos traz substância. Quando vejo a felicidade de um artista diante de uma plateia reagindo com satisfação após um espetáculo não consigo deixar de pensar nos dramas pelos quais ele passou para entregar o melhor de si todos os dias.

Existe, no entanto, uma boa medida. A disciplina, quando se torna obsessiva, pode ser uma doença ou causar doenças. Eu, por exemplo, acho que exagerei na minha vontade de estudar. Tenho certeza disso. Quantas vezes fui esforçado sem a devida metodologia, me sobrecarregando nos ensaios e ignorando conselhos de profissionais. Afinal, para que existe o planejamento? Reconheço que acabei sendo vítima dos meus excessos, além dos acidentes. Eu também fui responsável pela destruição das minhas mãos. Pequeno, tocava escondido com um peso de um quilo pendurado em cada braço para aumentar minha força e minha velocidade. Era como um atleta que buscava melhorar o desempenho. Quando tirava os pesos, tudo parecia mais fácil. Estudava intensamente e não ficava satisfeito enquanto o resultado não estivesse como eu queria.

Aos 11 anos ficava ao piano seis horas por dia, contrariando o conselho dado pelo professor Kliass. Costumava desrespeitar orientações em relação à quantidade de trabalho. Aos 18, chegava a estudar 14 horas diárias e fazia minha estreia mundial nas maiores orquestras americanas. Fazia tudo que podia, com respeito ao ritmo, para aumentar minha capacidade. Meus dedos tinham que deslizar com o peso certo. Minha paixão se convertia na busca pela precisão. Mas isso tinha um preço. Toda aquela destreza causou problemas anos mais tarde. Durante meus estudos, mesmo com sofrimento, procurava persistir horas e horas ao piano, achando que tinha condições de vencer a dor. E não tinha. E nunca encontrei uma solução para esse problema. Jovem, impressionei-me com a seguinte frase de Voltaire: "Diga-me qual é a doença que saberei qual é o remédio." No meu caso não havia remédio.

Em certas horas, na época em que ouvia minhas gravações, me perguntava como fui capaz de realizar uma ou outra passagem quase impossível de uma obra tendo hoje essas mãos praticamente deformadas. Admito que adotei muitas soluções paliativas para tocar sem parar, como antigamente os jogadores de futebol tomavam infiltrações para entrar em campo, e não ouvi os médicos. Queria resultados imediatos e ignorei conselhos preciosos. Se começava um tratamento e não percebia melhora, tratava logo de procurar outro profissional. Isso aconteceu muitas vezes. Sem a paciência necessária para levar o tratamento até o fim, sem a disciplina esperada para alcançar o resultado, procurei dezenas de profissionais nos mais diversos países. O fato, porém, é que sempre eu mesmo tomava a decisão final. Recuso-me a culpar os médicos. De erro em erro, hoje, humildemente, reconheço que deveria ter sido mais precavido e ter ouvido os especialistas. Não admitia estar numa má fase, ainda que fosse causada por problemas de saúde. Claro que meu anseio perfeccionista sempre pesou nessa balança. Só queria estar 100%.

Conheço dois tipos de pianistas: os que estudam muito e os que faltam com a verdade. Uma vez emprestei meu apartamento em Nova York para um excelente pianista cujo nome não citarei. Eu tinha uma turnê que duraria dois meses e ele ficou no apartamento. Disse-me que não me preocupasse com os vizinhos, pois detestava estudar demais. Não era verdade. Ele estudava muito. Quando voltei de viagem as reclamações vieram do primeiro ao último andar. Alguns vizinhos pensaram em chamar a polícia. A conclusão a que cheguei, após uma vida dedicada à música, é que devemos ser disciplinados, mas com planejamento. Em algumas situações é melhor se poupar e não estudar.

Tarde demais aprendi a lição de que a disciplina não pode ser uma espécie de loucura. O sujeito não pode pensar em uma coisa só. As pausas para descanso são indispensáveis. Tocar piano é uma atividade que requer momentos de relaxamento, controle da respiração, intervalos monitorados e correções de rota se algum desvio acontece. Não respeitei nada disso. Sem dúvida, confundi disciplina com obstinação e perdi o senso de equilíbrio. O pianista, o regente ou qualquer músico constrói a arquitetura de uma obra desde a primeira frase, como se fosse um operário colocando um tijolo, mas também como se fosse um decorador, que vai dar personalidade ao ambiente e é onde o dom de Deus está presente. Quantas coisas eu poderia ter mudado anteriormente, mas a ansiedade não me permitiu pensar com clareza. Arrependo-me de alguns excessos que cometi. Sei, no entanto, que eles me tornam mais humano. Não se pode confundir disciplina com obsessão, ainda que seja pela arte ou pelo esporte.

Um caso notável de disciplina é o do lutador Muhammad Ali, que em 1974, no Zaire – hoje República Democrática do Congo –, país governado na época pelo ditador Mobuto Seko, venceu um poderoso George Foreman, contra todos os prognósticos. Foi uma luta antológica em que Ali revelou uma enorme capacidade de defesa. Talvez nenhum lutador tenha apanhado tanto como ele naquele dia. Sua técnica de absorver os golpes utilizando as cordas foi decisiva para cansar o adversário. Apesar de seu jeito informal e de parecer disperso, Ali era um homem disciplinado, que fazia a lição de casa, treinava muito e tinha grande capacidade estratégica. Era menor do que Foreman. Antes da luta, conquistou o público do Zaire. Tanto ele como Foreman eram negros, mas ele conseguiu se identificar mais profundamente com os africanos. Convenceu um povo a gritar em uníssono: "Ali, mata ele!" Ali treinava exaustivamente; Foreman, também. Ali, no entanto, tinha mais carisma e uma personalidade mais amigável, características que o transformaram no homem bom da luta. Embora tenha levado uma surra nos primeiros assaltos, acabou recuperando o cinturão de campeão do mundo no final.

O grande segredo para manter a disciplina a longo prazo, na minha opinião, é a capacidade de relaxar em alguns momentos, de criar uma exceção. Por que digo isso? Se a rotina é interminável, a força de vontade para mantê-la perde aos poucos o arranque, a motivação. Devemos ter bom senso para saber a hora de parar, descansar, respirar. Dou o exemplo da alimentação. Você controla a alimentação durante a semana inteira e descontrai no sábado ou no domingo. Isso parece sensato. Assim você foge da rotina, renova seus esforços para se alimentar de forma saudável e não transforma essa vontade num drama. Se você faz exercícios, é a mesma coisa. Dá o sangue durante cinco dias e depois tira uma folga de um ou dois dias para recuperar o ânimo.

Digo isso porque, de certa forma, não respeitar os ciclos de alto e baixo desempenho foi meu maior erro ao piano. Só pensava em trabalhar na máxima velocidade, ignorando a necessidade de descanso. Mantinha uma disciplina quase doentia, que não respeitava limites. Além disso, não recebi a orientação adequada ou não quis ouvir os conselhos de meus professores. Eu evitava buscar ajuda até o último momento porque não queria ouvir nada que contrariasse a minha vontade. Saibam que é fundamental ter disciplina, mas também é preciso descansar. Uma carreira profissional de qualidade é também aquela que se perpetua ao longo do tempo. Se temos um talento, devemos prolongá-lo. Uma frase que sempre uso intuitivamente reflete o que acabo de relatar: "Disciplina de atleta e alma de poeta." Não sei se é o meu caso, mas é a combinação perfeita.

P.S.
Certa vez, no Conservatório de Tatuí, numa das semanas que eu passava no Brasil quando morava fora, dei algumas aulas voluntariamente. Em uma delas eu disse para um aluno: "A partir de agora faça escalas até eu voltar. Assim você vai aprender o significado da palavra disciplina." No entanto, ao sair encontrei-me com o professor Coelho e com ele fui almoçar, me esquecendo do garoto. Quando voltei ouvi as escalas que ele fazia. Fui correndo me desculpar. O pobre estava roxo, não sei se de fome, de cansaço ou de raiva, e me disse: "Não gostei muito desse negócio de disciplina!"

ESPERANÇA

Não foi por acaso que fiz a introdução do folheto da peça *Concerto para João* tratando dessa palavra. Sempre baseei minha vida nela e por ela não me deixei abater. Falo em esperança de me curar e de ver meus semelhantes se curarem das doenças, de superar adversidades, de ver alguém que não teve a mesma chance que a maioria, como um garoto abandonado em um orfanato, se interessar pela música. Movido por ela acredito que nos tornamos seres humanos melhores, dando algum exemplo para as pessoas e contribuindo para a prosperidade social por meio da arte.

Destaco três fatos positivos e relativamente recentes que me encheram de esperança: ter sido homenageado com o enredo da escola de samba Vai-Vai, em 2011; ter minha vida retratada no longa-metragem *João, o maestro*, de Mauro Lima, lançado em 2017 e exibido até agora em dez países; e ter inspirado a peça de teatro *Concerto para João*, em 2018, hoje em turnê nacional. Os três deram resultados que me renovaram o ânimo. Fui pé-quente e a Vai-Vai acabou campeã do Carnaval paulista naquele ano. Quanto ao filme e à peça, fiquei muito feliz e honrado com o resultado e a receptividade. Outras dimensões da minha vida foram reveladas; exatamente o que quero fazer neste livro. Noto que as mensagens do desfile, do filme e da peça atingiram públicos diferentes: um público de massa no Carnaval, com milhares de pessoas, e outro mais específico, aquele que frequenta salas de cinema e teatro. Persigo essa abrangência. Juntar a grandiosidade da escola de samba e a intimidade de uma peça de teatro, um filme ou um recital.

Senti minha alma captada em *Concerto para João*, que mistura realidade e delírio e leva o espectador a vislumbrar as entranhas do artista. Na mesa do hospital, durante uma cirurgia, que pode ser uma das dezenas que fiz na vida, sob efeito de anestésicos poderosos, relembro momentos de minha trajetória em flashes de sonhos em que uma figura misteriosa está sempre presente. A peça é baseada na minha história e dirigida magnificamente por Cassio Scapin a partir do texto de Sérgio Roveri. Não sou crítico de teatro, mas amei o que vi.

Atrevo-me a dizer que *Concerto para João* olha para a relação simbiótica do artista com sua arte. O limite entre os dois é incendiado pela paixão e por uma vontade desesperada de expressão. O intérprete deseja se transformar na expressão máxima de sua obra e vive o conflito de sua extrema dedicação. O sofrimento e a esperança de superá-lo inundam esse caminho. Mesmo que a vida seja efêmera, a arte persiste. A obra sucede o homem. E isso é uma demonstração de que vale a pena ter esperança.

Fiquei surpreso com o texto de Roveri. Impressionou-me a forma como fui desvendado por ele sem nunca termos conversado na vida. Parece que ele esteve dentro da minha alma desde os 18 anos. Ele soube captar o que enfrentei internamente: a dúvida de achar que tinha uma missão e a incapacidade de levar essa missão adiante a partir do momento em que passei a manifestar os sintomas da distonia cerebral. Isso criou uma ansiedade e uma interrogação sobre o que seria o meu amanhã durante esses 60 anos de carreira impressos em toda a peça.

Logo que me convidaram para ser tema de samba-enredo, eu disse não. "Esqueçam", falei para os dirigentes da Vai-Vai. "Carnaval não combina com música clássica e a escola vai para o segundo grupo." Mas quinze dias depois encontrei um amigo meu, Antonio Zimmerle, que era diretor da Globo, e ele insistiu: "Volta atrás, carnaval precisa de emoção, chama os caras de novo." Então eu chamei a diretoria; vieram todos aqui em casa com uma cara bem macambúzia, querendo dizer: o que você quer de nós agora? E eu perguntei: "Vocês já escolheram outro tema?" E eles responderam: "Estamos procurando outro enredo e já estamos para fechar." Aí eu peguei e fiz como num jogo de futebol americano, fechei o círculo e falei: "Rumo ao 14º campeonato. Vamos em frente!" Houve um concurso com 25 inscritos para escolher o samba. A partir daí, a Vai-Vai se encheu de esperança e eu também. Falei para mim mesmo: todo domingo, mesmo que tenha que voltar de uma viagem, vou assistir ao ensaio. E participei mesmo, virei um membro da comunidade. Um dia desci na quadra e me apresentei para reger a bateria. Não estava no roteiro. Eu falei que não ia ser um desses caras que são convidados e só aparecem no dia do desfile no último carro da escola. Vou me envolver de corpo e alma. E foi o que fiz.

O problema é que desfilaríamos às cinco da manhã, um horário terrível. Melhor seria na madrugada. Em compensação, o desfile estava marcado para o dia 5 de março. No dia 4, estávamos todos concentrados no Hotel Holiday Inn e o presidente me pediu: "Maestro, dê uma voz de incentivo para todos, porque nós temos cinco horas pela frente, três na concentração e mais duas na fila para começar o desfile." Eu falei: "Olha, quero dizer, o nosso horário não é bom, cinco horas da manhã, mas o dia é maravilhoso, porque nós estamos no dia 4, às 11h30 da noite, e vamos desfilar dia 5. E querem saber de uma coisa? Desde o começo da minha vida, 5 é o meu dia de sorte para ganhar concurso!" Todo mundo aplaudiu, "Bravo, maestro!", e pude sentir nos olhos de cada um o brilho da esperança. Nos bastidores, o presidente chegou perto de mim e me perguntou: "Que maravilha! E quando foi o primeiro concurso que o senhor ganhou dia 5?" Eu respondi: "Amanhã." E ganhamos.

Quando soube do resultado tive um dos dias mais felizes da minha vida. Assim que acabou o desfile, fui direto para o aeroporto porque havia marcado uma coletiva nos Estados Unidos. No dia seguinte, Carmen me ligou e me contou as novidades. "Olha, parece que você está com chance de ganhar", disse. Na Quarta-feira de Cinzas, quando é feita a contagem dos pontos, corri atrás de notícias. Como não tinha computador, desci até o hall do hotel e encontrei um brasileiro que me ajudou a acessar a internet. Havia também uma atendente brasileira por perto. Eles entraram no site e pude ver a tempo as notas do último quesito da votação. O Carlos Tramontina falou: "Se a Vai-Vai tirar dez nesta última nota, é campeã. E se tirar 9,75, a campeã é a Vila Maria." Fiquei na maior tensão, esperando, ansioso, o resultado final pela internet, quando ele gritou: "Dez!" Aí eu chorei, parecia que estava vivendo uma espécie de sonho. Me senti uma criança novamente. Minhas esperanças não tinham sido vãs.

A esperança é a luta permanente contra o medo. Quero dizer que o contrário do medo não é a coragem. A coragem pode ser a disposição de enfrentá-lo. O verdadeiro alimento da resistência humana é a esperança. Em cada concerto ou recital que realizo sinto seu sopro. Nada como a música para elevar o espírito, para trazer emoções que ergam os homens nos momentos de dificuldade e abandono. Quando achamos que nada vai dar certo, que ameaças terríveis podem nos destruir, ouvimos uma bela sinfonia, por exemplo, e a esperança vem nos redimir. Sustentados nela acreditamos na nossa sobrevivência a longo prazo, conseguimos crer que no final vai acontecer algo favorável, o jogo vai virar. Quando a esperança se torna coletiva um país se une, uma nação desperta, as pessoas produzem pensando num amanhã de mais liberdade e paz.

Admiro o ex-primeiro-ministro britânico Winston Churchill, um orador brilhante que soube encher de esperança a população inglesa para resistir contra o avanço nazista. Em um famoso discurso para insuflar a coragem em seu povo, ele disse que não tinha nada a oferecer para contribuir com a resistência a não ser "sangue, suor e lágrimas". Estava entregando seu corpo para a guerra. Ouvindo sua convocação, os ingleses foram buscar forças para vencer o inimigo. Para alimentar as esperanças, Churchill dizia que o único objetivo era a vitória a qualquer custo e que todos deveriam buscar na própria alma o ímpeto para vencer. Estava em jogo a sobrevivência de uma cultura. Churchill percebia o poder do mal representado por Adolf Hitler, mas acreditava que o bem triunfaria. Nos seus maravilhosos discursos transmitia essa crença àqueles que o ouviam. Ainda que o Império Britânico estivesse ameaçado e que tudo por ele representado pudesse ser destruído, o impulso da vitória estava do seu lado. Todos estavam ao lado de seu líder e o povo inglês encheu seu coração de esperança.

Na língua portuguesa, as duas palavras mais lindas na minha opinião são esperança e saudade. Esperança por ser uma espécie de alavanca que faz você sempre acreditar no amanhã, e saudade por ser o sentimento positivo que fica daquilo que se foi, das pessoas que se foram, das situações que valeram a pena ou nos ensinaram uma lição importante. Quando fiz a operação no pescoço para me curar da fístula – a primeira situação que vivi na qual a esperança combatia o medo –, lembro que o hospital se chamava Esperança, Hospital Municipal Infantil Esperança. Esperança e realidade, afinal, começam a se confundir. Hoje, o hospital se chama Menino Jesus e continua no mesmo endereço, na rua dos Ingleses. Considero a palavra esperança como uma mola propulsora para a realização de nossos sonhos. Queria muito ficar curado. E, pelo jeito, estava no lugar certo. O nome do hospital indicava bons auspícios.

Lembro que tinha 6 ou 7 anos quando, num domingo pela manhã, meus pais me levaram ao Theatro Municipal para assistir ao recital de um ótimo pianista alemão chamado Fritz Jank. Quando a apresentação terminou aplaudi muito e, de repente, ele olhou para mim, no meio da plateia, e cheguei a pensar que ele teria me chamado para subir ao palco. Parecia algo mágico. Naquele dia, pela primeira vez, achei que gostaria de ser pianista. Depois do recital fomos visitar o Masp, que ficava, se não me falha a memória, na rua Sete de Abril e almoçamos num restaurante no Centro. Estava maravilhado com o que tinha visto no Theatro Municipal. Voltei para casa me sentindo um pianista mesmo sem nunca ter tocado uma tecla. Queria que aquela sensação se materializasse. Depois meu pai acabou comprando um piano e a minha esperança se tornou realidade.

Tomei as primeiras aulas de piano com a professora Aida de Vuono, e, um ou dois meses depois, toquei num pequeno auditório, a pedido do meu padrinho, o primeiro movimento da *Sonata ao luar*, de Beethoven, que não é muito difícil. A mesma música fez parte do programa a que eu assisti naquele concerto do pianista alemão. Depois soube (e fiquei impressionado) que ele tocava de cor as 32 sonatas de Beethoven, o Novo Testamento da música. Alguns anos mais tarde, já sob a orientação do professor Kliass, toquei, no mesmo Theatro Municipal de São Paulo, o Velho Testamento – os 48 prelúdios de *O cravo bem temperado*, de Bach – de memória. Era mais uma esperança que se tornava realidade.

Nosso país precisa voltar a ter esperanças em um futuro melhor. É triste imaginar que uma grande parte da população não consiga se apoiar nessa palavra mágica. Continuamos tendo tudo para nos desenvolver. Basta pôr a mão na massa. Não podemos nos amedrontar diante da primeira dificuldade. Devemos funcionar como uma orquestra. Entre outras qualidades, somos musicais, temos ritmo, então por que não usar nossos talentos para incentivar nossas esperanças? Problemas vão sempre existir. O que difere as pessoas são a capacidade e a forma de resolvê-los. Quero insistir na questão do pensamento positivo. Ele está acoplado à esperança. Se entrarmos num ciclo de pensamento negativo, ficaremos desesperançosos. Há ouro nesta terra, gente capacitada que precisa acreditar mais em si mesma.

Acreditando em mim mesmo, voltei a tocar depois de um longo e tenebroso inverno e parti para a gravação das obras completas para piano de Bach, que foram concebidas para cravo. Essa gravação levou o nome do Brasil para inúmeros países. Gravar esse legado de Bach tornou real uma esperança.

Por que as pessoas jogam na loteria? Porque têm esperança de ganhar, embora a possibilidade seja remota. Mudar de carreira é mais fácil do que ganhar na loteria. Tornei-me maestro aos 64 anos e cumpri os passos de um aprendiz. Além disso consegui viabilizar uma fundação sem fins lucrativos e estabeleci uma orquestra de ponta em que jovens podem mudar de vida por meio da música. Gosto muito de comparar a música com o futebol. Admiro quando uma equipe de futebol luta com garra e determinação até o último segundo da prorrogação na esperança de conseguir o gol salvador. E consegue. Vejo ali o impulso da esperança. Como costumam dizer, a esperança é a última que morre.

Adoro ver quando uma pessoa muda radicalmente suas atitudes e seu jeito de fazer as coisas e acaba encontrando ou reencontrando a felicidade e deixando um legado capaz de influenciar novas gerações. Em geral, a pessoa que se transforma quer resolver um problema. A vida às vezes apresenta ao ser humano obstáculos aparentemente intransponíveis. Cabe a nós reagir de forma adequada. A maioria dos problemas que temos costuma ser do nosso tamanho. Devemos ser capazes de resolvê-los. Quem se complica muito é quem age de má-fé ou comete falhas por negligência ou imprudência. Os desafios que se colocam na nossa vida não podem nos inviabilizar. E a esperança é determinante para ultrapassá-los. A esperança lapida o destino. Ela nos faz encontrar uma alternativa positiva, um caminho virtuoso, o que dá motivação ao ser humano para acreditar no amanhã.

Pessoalmente, neste exato momento, tenho a esperança de realizar o sonho de Villa-Lobos de fechar o Brasil em forma de coração por meio da música com centenas de parceiros e orquestras. Como maestro, quero, certamente, através da arte, trazer mais esperança para a nossa juventude. Esse é meu grande objetivo. E preciso dizer alto e bom som: "Não percam a esperança!" Esse pode ser o nosso cântico.

Esperança é a minha palavra predileta do ponto de vista harmônico, mas não lembro que tenha sido muito usada por nossos letristas. Talvez seja tão forte que não precise de música para se impor. O nosso Adoniran Barbosa compôs uma música chamada "Vila Esperança" em que matizou com sua poesia nossa palavra mágica. Dizia o grande sambista: "Foi lá que eu passei o meu primeiro carnaval." Posso me lembrar de Vinicius de Moraes e de seu poema "Na esperança de teus olhos". Ou de Chico Buarque e da música "Fantasia", na qual se "canta uma esperança". Sempre existe uma fonte musical para fortalecer nosso espírito e lembrar que precisamos ter esperança.

Quando menino, sentava no terraço do apartamento da família em São Vicente, no litoral de São Paulo, onde costumava passar as férias. Naquele tempo, olhava para o horizonte, avistava a linha em que o céu se encontra com o mar e começava a sonhar. Olhar o arco-íris e a junção de suas cores me dava a sensação da esperança e da beleza infinitas. A mesma que me dá ao escutar Bach. Sei que talvez não tenha nada a ver, mas enxergava uma simbologia no arco-íris e procurava, não sei por quê, a cor verde como referência. O verde é a cor da esperança. Seria essa a razão pela qual pedi uma iluminação esverdeada na minha primeira apresentação pública?

Somente agora reconheço que a esperança não costuma coincidir com a realidade e, na maioria dos casos, precisa se adequar a ela, se render às condições objetivas. A evolução dos acontecimentos pode tomar direções diferentes das previstas, o que geralmente acontece. Eu, por exemplo, sei que voltar a tocar profissionalmente se tornou um sonho distante, uma espécie de milagre. Mas considero uma dádiva tirar um som de qualidade mesmo com dois dedos, o que, de certa forma, enche minha alma de felicidade. Vivo a esperança de continuar tocando. Faço tudo movido pela vontade de prosseguir com o meu sonho. Em cada música que interpreto ou rejo procuro uma narrativa que seja só minha, que talvez contrarie a intenção do compositor, mas eleve meu espírito. Penso também na música como se fosse um quadro em que eu imaginei uma cor para cada trecho da partitura. O arco-íris é uma excelente representação da esperança.

P.S.

Certa época comecei a frequentar uma academia para me preparar para a Corrida Internacional de São Silvestre. Após algum tempo, resolvi apenas fortalecer as pernas e fazer alguns abdominais, pois ao tentar subir a Ministro Rocha Azevedo, uma das ladeiras mais íngremes de São Paulo, num passo acelerado, cheguei ao topo e conheci mais um sentido dessa palavra. A São Silvestre tornou-se uma esperança longínqua, algo bem longe de se tornar realidade.

FÉ

Meu pai sempre defendeu a teoria de que todas as religiões conduzem você a Deus. Ele não era católico, não era espírita nem budista, mas achava que a crença numa força superior conectaria o humano com o divino. Apesar de ser um racionalista, era um homem de fé. Acreditava que a fé fortalecia a personalidade. Não importava, portanto, o objeto da fé, mas a fé em si. Cada filho podia tomar o seu destino e viver sua crença livremente. Nós todos somos católicos, eu, um católico ecumênico que gosta de conversar com todas as religiões. Já tentei, na juventude, ser um católico ortodoxo, mas nunca consegui.

Meu pai costumava repetir uma frase para nós, uma frase de Jesus Cristo que ele adorava e que é bem conhecida: "Se alguém lhe bater numa face, ofereça-lhe também a outra." Ele costumava dizer que a frase de Buda era mais romântica porque o sândalo recebia uma machadada e respondia ao ataque com perfume, com doçura, liberando amor. Isso é de uma sabedoria incrível. Exalar perfume diante de uma agressão. Olhando para o passado, vejo que se buscava na minha família uma orientação teosófica que integrasse todos os pensamentos, o religioso, o científico, o sensorial e o extrassensorial. Buscava-se a transcendência a partir do estudo e do exercício espiritual. Erga seu espírito, enfrente seu destino! Éramos todos contra a violência e a favor da paz, como somos até hoje. Mantínhamos um diálogo permanente com o sagrado, e o que realmente valia a pena, muito mais do que o dinheiro, era o conhecimento.

Minha mãe era espírita. E trouxe a religião para dentro de casa. Aconteciam sessões espíritas na nossa sala toda segunda-feira. Lembro-me bem da movimentação. Havia um clima misterioso. Vinham os vizinhos para as cerimônias. Ela recebia alguns médiuns que passavam horas dando passes nas pessoas que se apresentavam. A casa ficava lotada, e o ambiente, energizado. Ela realizou operações espíritas na minha frente e tive acesso aos pensamentos de Allan Kardec e a fenômenos paranormais. Íamos também à igreja. Vou até hoje. Rezo sozinho e agradeço por tudo o que Deus me dá e reflito sobre as falhas.

Duas palavras caminham de mãos dadas no imaginário humano: fé e dúvida. Essa é a grande disputa que se trava no espírito, no meu inclusive. Devo confessar que não consigo ser um crente fervoroso. Sigo a religião de forma contraditória. Rigorosamente, um homem não pode seguir os sacramentos católicos se for separado, como é o meu caso. Saí da rota em um certo momento. Sou culturalmente cristão, sigo os ensinamentos de Jesus Cristo, mas não sou um puro, estou longe de ser um homem desprovido de pecados.

A questão da fé fazia parte do cotidiano da minha casa. Quando criança, antes de meus concertos, meus pais faziam uma pequena sessão espírita para trazer boas energias. Apareciam espíritos de grandes compositores do passado. Mamãe recebia o espírito de Giuseppe Verdi, grande compositor de ópera, que falava em italiano. Minha mãe falava um italiano um pouco simplório. Verdi me mostrava qual era a minha missão no palco e dizia que o concerto seria maravilhoso. Realmente as previsões se confirmavam durante a apresentação. Meu pai dizia: "A fé remove montanhas, e com fé você entrará no palco."

Interpretando um concerto de Bach, 2º movimento, imaginei, certa vez, uma disputa entre as forças mais profundas da natureza, e assim traduzi o diálogo entre orquestra e piano: como uma luta entre o bem e o mal, na qual o mal é representado simbolicamente pela orquestra, que inicia com vigor, e o bem, pelo piano, que começa de forma humilde, singela, e depois vai crescendo. Durante o desenrolar da obra, o jogo se inverte e, afinal, a orquestra acaba timidamente, enquanto o piano culmina com um cantábile expressivo. É a celebração da vitória do bem. Comparei a disputa entre o bem e o mal com a fé e a dúvida. Um lado representa a clareza, e o outro, a obscuridade. Quando perdemos a fé ultrajamos a nossa própria humanidade.

Santo Agostinho é o homem que melhor falou da luta do bem contra o mal e dos dilemas da fé. Seu processo de conversão é um dos movimentos pessoais mais intensos da história do cristianismo. Nas suas *Confissões*, ele expõe sua alma e suas contradições. Decepcionado com um bispo maniqueísta chamado Fausto, que não respondia mais às perguntas que o perturbavam, ele enxergou a iluminação no Vaticano. O maniqueísmo era uma doutrina dualista e sincrética que preconizava um conflito cósmico entre a luz e a sombra, entre o bem e o mal. Em Deus estariam contidas as duas forças. Era também uma seita que Agostinho seguiu por vários anos, apesar da desaprovação de sua mãe. Depois de perceber que Fausto se tornara incapaz de acalmar suas angústias, Agostinho foi se distanciando do maniqueísmo e se aproximando da Igreja Católica, na qual conseguiu saciar seu desejo de verdade. Deixou Cartago para ser professor em Roma, onde soube que os alunos se interessavam em aprender e respeitavam seus mestres. Além disso, pagava-se um salário melhor aos professores na Itália.

A fé em Deus fez parte da minha infância e juventude. Quando tive as primeiras adversidades, passei a entrar em crise e a duvidar da existência de uma força superior. Sem que eu pudesse evitar, a minha crença fraquejava e eu me enfraquecia. Passei a me amparar somente numa força interior. O poder individual prevalecia sobre a luz divina. Queria ser mais forte do que era capaz, ultrapassar meus limites. Vivia entre dois polos – a fé profunda e a completa descrença. Esses estados de espírito conviveram diariamente na minha trajetória. Devo dizer, porém, que nos períodos em que a fé reinava todas as minhas reações eram positivas, inclusive em relação à fidelidade matrimonial, ao amor ao próximo. Demonstrava atitudes mais que solidárias em relação a terceiros. Quando era tomado pela dúvida, eu me tornava um ser humano pior. Nos períodos de incerteza, quando questionava o sagrado, perguntava a mim mesmo por que estava sendo castigado com acidentes em minhas mãos se nada tinha feito de errado. Será que Deus existe? Que injustiça é essa? No entanto, com determinação, tudo voltava a normal e a vida sorria para mim.

No dia 20 de maio de 1995, fui assaltado em Sófia, na Bulgária, onde estava concluindo a gravação da obra de Bach. Quando saía do estúdio, já de madrugada, e ia em direção ao hotel, dois indivíduos me abordaram, querendo me assaltar. Levei um golpe com uma barra de ferro na cabeça e acabei ficando com uma lesão cerebral que afetou o lado direito do meu corpo, especialmente a mão. Fora todos os outros problemas que eu tinha, como a lesão no nervo ulnar, distonia, lesão por esforço repetitivo, passei também a ter dificuldade no comando da mão. Como se tornou corriqueiro na minha existência, cheguei a pensar que fosse mais uma saga. Refleti bastante, e tratei de me cuidar para recuperar os movimentos. Passei por uma operação no Jackson Memorial Hospital e por um longo tratamento no Miami Project to Cure Paralysis, onde fiz a reprogramação cerebral sob a orientação do Dr. Bernard Brucker. Em poucos meses havia melhorado sensivelmente, acima das expectativas.

Mais seguro, marquei para o dia 6 de maio de 1996, um ano depois do acidente, a minha volta aos palcos com a American Symphony Orchestra, que havia me convidado para uma apresentação como solista. Apesar da melhora, eu não conseguia encontrar uma posição das mãos que me levasse à melhor forma. Me sentia desconfortável. Quinze dias antes da apresentação, telefonei para o meu irmão Ives, que estava nos Estados Unidos, e disse a ele que o espetáculo deveria ser cancelado. No dia seguinte ele me mandou uma oração do fundador do Opus Dei, monsenhor Escrivá de Balaguer, junto com uma medalhinha e me disse para esperar um pouco porque eu encontraria a posição correta. Recebi a oração e fui à igreja perto de onde fazia o tratamento, em Miami. Passei uma ou duas horas sentado no banco da igreja pedindo o milagre da recuperação.

Quando voltei para casa, tentei a última e derradeira posição das mãos para conseguir tocar da melhor forma. Senti que, com o progresso do tratamento, poderia tocar bem em casa, mas jamais no Carnegie Hall. Tinha um cachorrinho maltês chamado Rubi que nunca chegava perto do piano quando eu estudava por horas e horas. Mas naquelas quatro horas de estudo, após a volta da igreja, ele mudou seu comportamento, me acompanhou até o piano e ficou até o fim, sentado aos meus pés e olhando para mim. Pensei que aquilo poderia ser um sinal. Será uma mensagem para que eu mantenha esta posição? Deu certo e, mais uma vez, voltei a dar um grande concerto com o teatro lotado. No dia seguinte, o *The New York Times* fez enormes elogios à minha performance. Contei o caso para meu irmão, que foi com a família e minha filha assistir à apresentação. Depois ele mandou um relato ao Vaticano contando sobre a minha recuperação. Para mim foi praticamente um milagre. E acredito tanto nisso que até hoje trago a medalhinha pendurada no pescoço.

Lembro-me, ainda criança, de receber o cachê pelo meu primeiro recital. Peguei o cheque e meu pai foi comigo abrir uma caderneta de poupança. Antes de entrar no banco eu disse: "Pai, em vez de abrir uma poupança, vamos levar este cheque para o Instituto Padre Chico." O Padre Chico é um importante centro de referência no cuidado de deficientes visuais. Foi o que fizemos. Após a entrega do dinheiro, também tratei de realizar um recital para os cegos do instituto. Acho que a caridade pode ser considerada uma manifestação de fé em Deus. E certamente uma forma de devolver as benesses que a vida nos dá.

Por outro lado, a vida sempre sorriu para mim. Em inúmeras oportunidades passei horas refletindo e rezando num banco de igreja. Tento entender o meu destino e agradeço por estar vivo e prosseguindo na minha jornada. Em todas as cirurgias pelas quais passei sempre mantive a fé na cura. Sustentei meu sonho em relação à música e, em alguns momentos, atingi a iluminação. Meu barato são a emoção do palco e a energia do concerto. E sempre rendi mais nos momentos de fé do que na sombra da dúvida. Quando você mergulha em reflexões relacionadas à existência de um ser superior, talvez, egoisticamente, você aguarde algum milagre. E como esse milagre não vem, você se ressente. Como podemos imaginar que Deus esteja olhando para nossos pequenos problemas? Um erro do ser humano é ser centrado em si mesmo. Dessa forma, pode se estabelecer uma relação de cobrança com o divino. Mas não se deve cobrar nada de Deus ou de um ser divino e superior. No meu caso, a dúvida nos momentos de adversidade parecia me levar a uma espécie de revanchismo, mas nada melhor que o tempo para levar ao bom caminho.

Cheguei a uma conclusão: apague do seu vocabulário a palavra egoísmo. Por que digo isso? Porque jamais peço a Deus que me ajude antes de um concerto, por exemplo. Isso seria uma demonstração de que só penso em mim mesmo. Deus está muito mais preocupado com a fome na África, com as guerras no Oriente, com a criminalidade por este mundo afora do que com o drama insignificante de um pianista. Mas sei que de vez em quando ele olha para mim, como olha para todos os seus filhos. Não sou especial perante Deus, não mereço nenhum tipo de deferência. Sou humano, demasiadamente humano. Por causa disso, todos os dias agradeço pelas graças que alcanço e também pela determinação e pelo sentimento de esperança que Ele me injeta quando estou aberto para recebê-lo. Graças à fé pude enfrentar uma vida com altos e baixos e superar os problemas que enfrentei.

Tenho uma vida pacata. Toda manhã acordo entre 5h30 e 6h, antes de o sol nascer, com uma missão, além daquela de me debruçar sobre partituras. Brinco dizendo que a primeira coisa que faço é abrir os jornais para ver se meu nome está na seção de obituários e, caso não esteja, tomo meu café da manhã e vou à luta. Minha rotina começa com os estudos e continua com diversas atividades, como o trabalho voluntário que faço inspirado no meu grande amigo, o jornalista Gilberto Dimenstein. Continuo com a mesma forma de pensar, norteando-me pelas opiniões de meu pai. Ele considerava que todas as religiões nos levam ao Criador e que a expressão da fé é um fenômeno íntimo e individual. Fica então uma lição: seja tudo, menos descrente.

P.S.

Quando, na infância, passávamos as férias em São Vicente, eu podia ver do meu quarto, no nosso apartamento no décimo andar, a ilha Porchat. Em suas preleções, meu pai insistia em que "a fé remove montanhas". À noite, deitado na cama, eu olhava, intrigado, para a ilha e ingenuamente pensava: "Haja caminhões e tratores para remover esta montanha para explicar a fé!"

GENTE

Fiz uma única excursão com a família em toda a minha vida. Eu tinha 15 anos e fomos em dois ônibus para cidades históricas de Minas Gerais. Fiquei impressionado com a disposição de todos ao entrar nos veículos, por sinal, bem confortáveis. Passamos por estradas ruins e paramos em bons restaurantes, hotéis razoáveis e cidades maravilhosas, recebendo explicações turísticas padronizadas por parte dos monitores. Durou uma semana, se não me falha a memória. Quando cheguei, me pareceu, à primeira vista, um ambiente simples e amistoso, mas eu não perdia por esperar. Depois de pouco tempo, pude observar que havia uma tensão no ar. A maioria das pessoas via mais defeitos do que qualidades nos seus companheiros de excursão. Cheguei a ouvir comentários do tipo "como é chato aquele casal", "aquele cara parece que tem o rei na barriga", "aquela garota não tem educação", e assim por diante.

Ainda jovem fui levado à conclusão de que conviver não é fácil, pois cada pessoa tem seus hábitos, suas manias, e acontecem estranhamentos. Além do mais, o ser humano prefere julgar a compreender. Conto essa historinha porque hoje faço muitas excursões com meus músicos, e o que mais prego é a paz. A orquestra só funciona quando as pessoas se respeitam. São 15 anos rodando por este Brasil e pelo exterior com dezenas de pessoas, todas diferentes, com sua própria personalidade e seus sonhos e projetos. Quando assumi a orquestra sabia que seria assim. Não pode haver brigas nem antipatias gratuitas. Como solista, viajava quase sempre sozinho e não participava das rotinas da orquestra. Agora é diferente. Sou o maestro no palco, mas também tenho que garantir a boa convivência da equipe. Viajamos muito e, antes de tudo, temos uma parceria. Explico que a harmonia que existe entre todos durante os ensaios e concertos deveria se estender às viagens. A única palavra que os músicos e o maestro não admitem na nossa Bachiana Filarmônica é inveja. Todos reconhecem os próprios talentos e sabem seu lugar no time. Cada um torce pelos outros e todos pelo maestro, e este por todos.

Você pode e deve lutar para mudar as atitudes das pessoas em prol de uma convivência melhor. Quem está à frente de uma equipe precisa ser um gestor de gente e valorizar as afinidades e não as diferenças. Estamos falando obviamente de ambientes profissionais, como o de uma orquestra, mas isso vale para a vida. Julga-se muito. Estamos vivendo um período de intolerância com jornalistas, artistas, esportistas, juízes, profissionais liberais e todo tipo de gente. Nas mídias sociais qualquer deslize vira uma condenação.

Fico surpreso em ver como a sociedade funciona. Acho que as pessoas deveriam ser mais solidárias e empáticas. Gente não é fácil. Quantas pessoas talentosas ficam desestimuladas por causa de comentários de terceiros que, queiram ou não, atingem a alma. Críticas construtivas devem ser feitas, mas as destrutivas só ajudam os intolerantes e afetam a autoestima de quem é atingido, muitas vezes prejudicando seu futuro. Devemos fugir de gente que quer nos derrubar. É impressionante como o ser humano tem um dispositivo no cérebro que é acionado no momento em que é apresentado a alguém que, de imediato, lhe provoca um sentimento de rejeição, da mesma forma que pode lhe proporcionar um sentimento de afeto. Mas, por incrível que pareça, esse dispositivo às vezes não funciona direito. Tem gente amiga que parece querer derrubar você.

Ao falar de gente, falo também de gratidão. Chegou o momento de reconhecer as pessoas que me ajudaram, e não foram poucas. Quero expressar meus agradecimentos a todos aqueles que me mantiveram são e salvo até os dias de hoje, com a mesma garra para continuar fazendo música. Depois dos meus pais, grandes incentivadores na infância, que me deram todas as condições para tocar piano, agradeço ao professor José Kliass, que, além de um mestre excepcional, era um grande psicólogo. Ele soube lidar comigo, extrair o melhor de mim e me apoiou mentalmente.

Além deles, cito o maior ídolo empresarial que este país já teve: Antônio Ermírio de Moraes, o primeiro a acreditar na minha capacidade como regente. Recomecei minha trajetória na música e iniciei minha luta contra o preconceito graças ao seu apoio. Suas palavras me fizeram seguir adiante. Pessoalmente, hoje sinto um carinho enorme em todo o Brasil pela minha luta contra meus problemas físicos e também pela condução da orquestra e por meus projetos sociais. Antônio Ermírio foi muito generoso comigo e um excelente conselheiro. Nunca houve por aqui um empresário que exercesse tanto a responsabilidade social como ele. Era um homem apaixonante. Para ele a Votorantim só era a Votorantim se tivesse um projeto social com muita força.

Ele foi o patrocinador dos meus primeiros projetos sociais. Ajudou-me a levar música clássica para todos os Centros Educacionais Unificados (CEUs) da Prefeitura. Foi o primeiro que me incentivou de verdade a ter uma orquestra jovem, percorrendo São Paulo. E isso foi uma plataforma para impor respeito ao meu desejo de ter uma nova vida. Ele e o Roberto Marinho e a Marluce Dias. A Globo me deu uma força grande na época. E sempre dá. Na Copa do Mundo, Casagrande me comparou com o croata Modric. Eles me deram uma plataforma. O Antônio Ermírio e a Marluce deram o grande impulso para eu ter um chão para tentar voar de novo, senão teria sido muito difícil recomeçar. Tem uma coisa importante: eu nunca pedi nada a ninguém. É aquilo que eu chamo de projeto ímã. Com o Antônio Ermírio foi uma coincidência. A primeira vez que eu ergui a mão para reger foi na Beneficência Portuguesa, e ele estava presente. Aí ele gostou de ver um cara mais velho reiniciar a vida e decidiu me apoiar. Agradeço também ao jornalista Gilberto Dimenstein, que acreditou nos meus projetos sociais e me ajudou a reformular muitas coisas do meu trabalho. Foi um interlocutor que me deu bons conselhos e esteve ao meu lado desde os primeiros tempos da orquestra. E sou agradecido ao Jô Soares, por ter me ajudado muito na minha volta aos palcos.

Como sempre digo, não adiantam somente a disciplina e o talento, é preciso estar no lugar certo na hora certa, o que chamo de fator sorte. Assim, devo o início da minha carreira internacional ao jornalista Ruy Mesquita, diretor do *Estadão*. Quando eu tinha quase 18 anos, o violoncelista catalão Pablo Casals mandou uma comissão liderada pelo jornalista e crítico americano Henry Raymond para a América Latina a fim de escolher músicos jovens para participar de um festival que ele promovia.

Quando esse jornalista chegou ao Brasil, pediu ao doutor Ruy que indicasse um jovem. E ele, que dois anos antes tinha ouvido um concerto meu, me indicou. Fui tocar na casa dele para esse grupo e eles me escolheram para concorrer no festival nos Estados Unidos, que teve muitos participantes. Faziam parte da comissão julgadora o próprio Pablo Casals, o grande violinista Isaac Stern e o crítico e jornalista Henry Raymont.

Graças à oportunidade que Ruy me deu fui o escolhido do festival para dar o concerto prêmio em Washington. No dia seguinte ao concerto, fiquei orgulhoso quando soube que o *Estadão* havia publicado na capa, com destaque, uma radiofoto da apresentação. As críticas deram o impulso internacional necessário ao artista. Mesmo assim, no dia seguinte percebi que, a partir daquele momento, teria que ter um grande repertório para enfrentar o futuro. Voltei para o Brasil e mergulhei nos estudos por mais um ano e meio, ensaiando nove ou dez horas por dia. Nesse meio-tempo venci o Concurso Eldorado, promovido pelo *Estadão*.

O fator sorte de uma carreira depende de amigos e você não pode decepcioná-los, precisa fazer jus à confiança que eles depositaram em você. Foi o que aconteceu com o compositor argentino Alberto Ginastera, que me apoiou nessa transição profissional da juventude. Ele quis que seu *Concerto para piano*, sua obra-prima, viesse a público pelos meus dedos. Foi em 1961, em Washington, com a National Symphony Orchestra.

Era a estreia internacional de sua peça magistral. Eu havia ensaiado a obra por algumas semanas e superei dificuldades técnicas, tocando sempre de memória. Eu procurava fazer o melhor. O êxito da estreia fez com que Ginastera ampliasse muito a visibilidade de seu trabalho e o tornou conhecido no mundo todo. Tanto que assinamos um contrato, válido por dois anos, em que só eu poderia executar seu concerto. Um ano depois dessa apresentação na capital, fiz minha estreia no Carnegie Hall diante de Eleanor Roosevelt, patrocinadora do evento. A partir daí minha carreira decolou e passei a morar nos Estados Unidos, como artista convidado da Organização dos Estados Americanos (OEA). Toquei com as maiores orquestras americanas e assim levava o nome do Brasil.

Também agradeço ao meu primeiro e único empresário, Jay Hoffman, que se encarregou de fazer minha carreira decolar. Naquele tempo, Hoffman era o mais influente empresário da música clássica nos Estados Unidos. Graças a ele pude estar nos maiores palcos do mundo e gravar sem parar. Falando nisso, agradeço também a Heiner Stadler, o alemão teimoso que conseguiu tirar o máximo de mim nas gravações de Bach. E a Eleazar de Carvalho, por aparecer num sonho que me iluminou. Agradeço também ao economista e ex-ministro Roberto Campos, uma das maiores inteligências que conheci na vida, se não a maior, que a certa altura, quando parei de tocar, se mostrou amigo indicando caminhos caso eu não voltasse para a música. Eu não podia sequer ouvir falar de música, devido à revolta que se apossou de mim após o acidente com minha mão direita, e Campos foi um sábio conselheiro. Agradeço ainda ao nosso campeão Eder Jofre, um dos maiores pugilistas de todos os tempos que eu convenci a voltar ao boxe para recuperar o título mundial, o que me motivou a voltar ao piano.

Sou muito agradecido a um dos maiores neurocirurgiões da época em Nova York, Joseph Ransohoff, que deu uma sobrevida à minha mão direita, mas tive que abandonar o piano por algum tempo. A Bernard Brucker, Ph.D. em medicina, que me deu a segunda sobrevida ao piano após o assalto que sofri na Bulgária. Ao neurocirurgião Paulo Niemeyer Filho, que me deu a terceira sobrevida, recuperando, por um tempo, os movimentos na minha mão esquerda, e a Rames Mattar, cirurgião de mão, que sempre conseguiu ótimas soluções para minimizar os efeitos da minha distonia. A Paulo Skaf, presidente da Federação das Indústrias do Estado de São Paulo (Fiesp), a quem pedi que adotasse um músico da minha orquestra e ele acabou adotando os 65, razão pela qual ela se chama Bachiana Filarmônica Sesi-SP.

Quando tudo parecia perdido, sonhei com o maestro Eleazar, conforme mencionei anteriormente. No dia seguinte, às sete da manhã, tomei a primeira aula de regência, com o maestro Júlio Medaglia. Resolvi formar uma orquestra, trouxe 18 músicos aqui para casa, ensaiávamos. Mas manter uma orquestra sem subsídio, aqui no Brasil, é praticamente impossível. E comecei a procurar apoio na iniciativa privada. Nós viajávamos, todos os músicos, íamos para cidades pequenas, porque eu estava fora da mídia. E tomávamos o ônibus. A orquestra indo com um pequeno patrocínio ou outro. Até que, nessa hora, uma das primeiras pessoas que se mobilizou para ajudar foi o produtor cultural Sérgio Aizemberg, a quem dedico meu muito obrigado. Ele me levou para algumas turnês no interior, com essa orquestra mais ou menos reduzida. E assim foi. Só que, para manter a orquestra, com um ou outro patrocínio, era muito difícil. Então o meu irmão Ives sugeriu que eu procurasse os presidentes das federações e associações empresariais, para que cada uma adotasse um músico.

A primeira que eu procurei foi a Fiesp. Cheguei para o Skaf e falei: "Dá para adotar um músico? Se você adotar, amanhã eu vou à Febraban (Federação Brasileira de Bancos), depois de amanhã vou à Federação do Comércio, no dia seguinte vou ao Sebrae (Serviço Brasileiro de Apoio às Micro e Pequenas Empresas), e cada um adota um músico." Ele respondeu que tinha que pensar. Eu saí de lá deprimido, e comentei: "Se ele tem que pensar, a Fiesp tem que pensar, é melhor abandonar a ideia." Mas no dia seguinte ele ligou para mim e disse: "Olha, tenho uma má notícia: não dá para adotar um músico da orquestra. Mas tenho uma boa: dá para adotar a orquestra inteirinha!" E aí surgiu a Bachiana Filarmônica Sesi-SP.

Claro que sou grato aos diretores dos documentários europeus e nacionais sobre a minha vida e obra; aos editores dos meus livros; a toda a gente da Vai-Vai; ao Mauro Lima, que dirigiu magistralmente o filme *João, o Maestro*, com atores fantásticos; e a Cassio Scapin e Sérgio Roveri, pela magnífica peça de teatro que me homenageou. Todos eles incentivaram cada vez mais este velho maestro a continuar na sua luta.

Aproveito para agradecer também a Glenn Gould, por ter chegado tão alto na música. Nunca estive com ele e conversamos apenas uma vez por telefone de madrugada, durante quatro horas. Falamos da grandiosidade de Bach. Nós dois éramos apontados como rivais, mas quando eu comecei a tocar no exterior o Gould já estava parando de se apresentar em público e eu passei a executar o mesmo repertório nos mesmos lugares que ele, embora com um estilo totalmente diferente. Admirava Gould profundamente e nós dois amávamos Bach da mesma forma. Apesar da diferença de estilos, tínhamos algo em comum. Nós dois gostávamos de cantarolar o que tocávamos.

Lembro-me que após a sua morte, aos 50 anos, fui convidado para inaugurar o Gleen Gould Memorial, em Toronto, sua cidade natal. A morte prematura de Gould, em 1982, chocou o mundo da música clássica, principalmente no Canadá. Como meus discos foram sempre comparados aos dele pela crítica, aquela honra foi concedida a mim. Nunca estabelecemos uma relação competitiva. Mesmo assim, tive uma recepção fria quando entrei no palco. Me senti o Julinho, ponta-direita que jogou na Portuguesa e no Palmeiras e substituiu Garrincha num jogo da Seleção, tendo sido vaiado no Maracanã. Ferido em seus brios, Julinho marcou o primeiro gol e foi o melhor jogador em campo. Saiu ovacionado por 200 mil pessoas. Diante da torcida contrária, prometi a mim mesmo: esta será a noite da minha vida! Naquele momento pensei que não era nada mais do que um brasileiro, que tinha os mesmos sonhos que o mestre canadense em relação a Bach. Pensei: vou mostrar que a arte não tem fronteiras. Dei o melhor recital da minha vida e, ao final, dei 14 bis com prelúdios de Bach. Foi quase uma homenagem a Santos Dumont e seu avião 14 Bis. Guardo com carinho uma carta de seus pais, Mrs. e Mr. Gould, que me foi entregue após o concerto, em que falavam da admiração que seu filho tinha por mim.

No final, este capítulo virou quase uma dedicatória. A realidade é que gosto muito de gente. E gosto de muita gente. Se não fosse assim, não estaria fazendo o que faço, cercado de pessoas e de muito carinho. A vida me trouxe muitos amigos, infelizmente alguns já se foram. Tenho uma família maravilhosa, filhos, irmãos, uma grande companheira. Convivo com todos e continuo fazendo amigos. Sou um ser sociável. Também me interessam muito as novas pessoas que conheço e que fazem diferença na minha vida, desde o garoto internado na Fundação Casa até o jovem músico que vejo desabrochar e mostrar o melhor de si na Bachiana. O trabalho da Bachiana pelo Brasil me aproxima de pessoas incríveis, gente do povo, muitos talentos ignorados e pessoas que querem simplesmente tocar música sem grandes pretensões, mas com alegria na alma. Devemos pensar que o Brasil é como uma grande equipe onde todos precisam se ajudar e torcer para que todos cresçam. É preciso que a gente deste país se una em torno de uma causa comum sem inveja e sem julgar um ao outro de maneira precipitada. Vamos respeitar o próximo.

P.S.

Tem um fagotista da Bachiana, chamado Eliseu, que imita minha voz melhor do que eu mesmo. Após um dos concertos no interior, voltei em seguida para São Paulo. A orquestra por lá ficou. Ele não estava muito bem e foi ao banheiro do meu camarim. O oboísta foi até lá me procurar e chamou por mim. Eliseu não teve dúvida e gritou de dentro do banheiro, imitando a minha voz: "Tem gente!" Peter, um músico fantástico, saiu do camarim e avisou que eu ainda estava lá e que me aguardassem. Quando, muito tempo depois, viram Eliseu saindo, aliviado, de meu camarim, ele quase foi linchado pelos colegas que me esperavam inutilmente.

HARMONIA

A harmonia vai ser tratada em sua própria acepção musical ou como sinônimo de algo que funcione muito bem, que esteja articulado de maneira adequada ou simplesmente perfeita. Vai também servir para eu contar algumas histórias. Harmonia é uma palavra-chave neste livro, é a base de sustentação. Para entender com facilidade basta pensar em um pianista que está tocando com uma cantora. O canto faz a melodia e os acordes do piano fazem a harmonia. Acordes são três ou mais notas tocadas simultaneamente. O mais importante, porém, não é saber disso tudo, mas focar os efeitos que uma estrutura bem construída produz. Quando você ouvir uma harmonia de Bach, Beethoven, Chopin ou de outros sustentando uma fantástica melodia, vários sentimentos inundarão sua alma. Cada um que tenha oportunidade de escutar vai se sensibilizar. As harmonias são universais, criam imagens na mente, rememoram a beleza do pôr do sol ou o aparecimento de uma lua cuja claridade traz placidez para um lugar conhecido. Desvendam o esplendor da natureza e estão integradas com o cosmos.

À medida que os séculos foram se passando, a dissonância foi ganhando força na música através de novos compositores.

E, na maioria dos casos, fazia parte de um contexto em que as diferenças eram comparadas, os dois lados dialogavam, transgredia-se com a plena consciência das formas. Opunham-se de maneira construtiva e necessária, levando à evolução da música; mas, por outro lado, nossos ouvidos estão mais acostumados com a harmonia, que é a base da construção musical.

É o que acontece hoje na política. Não posso deixar de olhar para o Brasil hoje sem pensar em falta de harmonia, agora falando mais genericamente. Quando você vê uma nação com três poderes democráticos, o Executivo, o Legislativo e o Judiciário, como os nossos, convivendo de forma tão dissonante, só dá para ficar preocupado. A dissonância não pode ser um fim em si mesma. E o pior de tudo é o efeito cascata sobre a sociedade que se reflete nas empresas, nas relações econômicas, nas organizações não governamentais e nas pessoas. Muitas lideranças estão em crise porque não conseguem entregar os resultados a que se propõem, e o problema todo é falta de harmonia. Empresas não se acertam porque o setor de vendas não trabalha afinado com a produção e este com a administração, que tem que fazer a mesma coisa com o departamento financeiro sob uma liderança também harmônica. A gestão tem um responsável, mas se faz em conjunto. Os poderes da República precisam se acertar para a população fazer sua parte. Qualquer atividade pode ser comparada à música e continuo com a certeza de que a harmonia está no fundamento de qualquer obra e, nas grandes criações, ela nos aproxima de algo divino, inatingível.

Quando criança, estudei, além de piano, teoria, harmonia e contraponto. Ficava fascinado quando tomava aula de harmonia, pois começava a partir dos baixos a compor corais com as mais diversas melodias. Gostava pessoalmente de corais. Apesar do meu interesse por composição, sempre tive a consciência de que minha iniciação estava mais voltada para a arte interpretativa do que para a composição. Compus uma única música em toda a minha vida.

Lembro-me de uma experiência que tive quando estudava na Academia Paulista de Música. Ao passar por um corredor, escutei um colega tocar uma peça com uma harmonia errada. Aquilo me chamou a atenção, mas preferi não comentar nada. No entanto, o erro se repetiu várias vezes na semana seguinte, até que não me contive e, sutilmente, na lanchonete, eu disse a ele que tinha ouvido uma harmonia de uma peça de Bach que, na minha opinião, estava com a leitura errada (é importante salientar que o ouvido humano pode se acostumar a ouvir errado). Fomos almoçar e depois verificamos juntos que de fato não estava certo. Finalmente, ele me disse que estudava piano porque a mãe obrigava. Perguntei sobre o que o professor achava e ele falou que, muitas vezes, olhava para o professor e o via cochilando. Aconselhei meu colega a dizer para a mãe dele, com toda a delicadeza, que aquela não era a sua praia. E completei: "Tenha coragem!" Mais tarde soube que ele se tornou um grande engenheiro. Do professor dele nunca mais ouvi falar.

A paz de espírito também pode ser traduzida em harmonia. Os dois dependem de efeitos externos e internos. Se a situação externa o perturba, você pode buscar a paz se afastando daquilo que o desconcentra ou buscando forças interiores. Se num dia importante você precisa trazer harmonia para sua mente e as condições externas não são favoráveis, a única solução é buscar a harmonia dentro de si através da concentração, como fazem os iogues. É necessário que sua força interior impere e o ajude a manter o foco naquilo que você tem que realizar naquele momento específico. A concentração é uma forma de harmonia.

Certo dia, em Nova York, estava com viagem marcada para Boston, onde iria dar um recital à noite. Estava sempre indo de um lado para outro. No dia anterior havia tocado na Filadélfia. No entanto, na mesma manhã recebi a notícia do meu divórcio, o que evidentemente mexeu comigo. Mesmo assim fui para o aeroporto perto do meio-dia, mas a nevasca que se iniciou em Boston fez com que os voos para a região fossem cancelados. Do aeroporto fui para Greyhound tomar um ônibus. Na época eu não havia chegado aos 30 anos. Fiquei feliz em conseguir um lugar no ônibus, mas, ao mesmo tempo, estava consciente de que, provavelmente, não poderia ensaiar ao piano antes do concerto.

A viagem demorou uma hora a mais por causa da neve e, ao chegar, fui direto para o teatro da Universidade Harvard. Além de tudo, por causa do tempo ruim, havia a expectativa de um público reduzido. Cheguei meia hora antes da apresentação de um programa dificílimo. Troquei-me no camarim, mas antes o diretor me confirmou, como eu suspeitava, que eu não poderia experimentar o piano, pois já havia aberto as portas para a plateia. Quinze minutos antes tive uma surpresa. Soube que, apesar da neve, o teatro estava lotado. Nesse momento deitei-me no tapete do camarim e comecei uma concentração que eu chamo de "uma volta ao passado". Imaginei as sessões espíritas que minha mãe fazia antes de minhas apresentações quando menino. Lembrei-me de meu pai dizendo: "Vai sair tudo perfeito."

Consegui me abstrair de toda a tensão daquele dia, e a harmonia e a paz dominaram o meu espírito até o fim do concerto que, modéstia à parte, foi bárbaro. Quando cheguei ao hotel à noite tive uma crise de choro por tudo que havia passado emocional e fisicamente. Se a harmonia e a paz não estão a seu favor num momento importante da sua vida, corra atrás delas com concentração que você vai alcançá-las. Se você acredita numa força superior, melhor ainda.

Tive alguns momentos desarmônicos na minha vida. Aos 30 anos, entrei numa crise existencial, queria ser outra coisa além de pianista, não me sentia 100% e uma crítica negativa no *The New York Times* me deu um choque de realidade: já não brilhava como antes. Achei que o crítico tinha razão. Falei para o meu empresário: "Se o *New York Times*, que sempre me elogiou tanto, desta vez me criticou, ele deve estar certo. Vou voltar para o Brasil e nunca mais vou olhar para um piano." No piano você tem que mostrar emoção aliada ao perfeccionismo. Eu mantinha a emoção, mas não conseguia mais procurar a perfeição. Penava com as sequelas de um acidente no Central Park enquanto jogava futebol, quando uma pedra entrou no meu cotovelo e perfurou meu nervo ulnar. Desde então, passei a perceber minhas limitações e minha mente ficou dispersa. Os problemas físicos se agravavam e eu estava insatisfeito com meu desempenho. Por mais que me esforçasse, não conseguia obter os mesmos resultados. Talvez devido a essa insatisfação, crescia em mim uma vontade empreendedora longe do piano, queria atuar em outras áreas, animava-me mudar de rumo. Meu primeiro casamento havia terminado. Deixei os Estados Unidos e voltei para o Brasil, onde passei sete anos. Comecei a estudar Turismo numa faculdade, o que, obviamente, não deu certo! Trabalhei num banco e atuei como empresário da música e do boxe.

Larguei o piano. Não podia olhar para ele. Nem tinha um em casa. Fiquei com raiva, raiva profunda, nem queria ouvir falar. A situação toda me incomodava. Nos bons tempos um recital meu podia ser gravado direto, era um CD pronto. Não me conformava em não ser mais o mesmo, não conseguir entregar o resultado que sempre entreguei. Depois do acidente tentei recuperar a velha forma e toquei até com dedeiras de aço. Foram tantos concertos que, no final, as teclas estavam cobertas de sangue. Forçava demais, ia além do limite. O prazer havia virado sofrimento. Tentava esquecer a dor. Lutei muito pela minha arte, mas fui derrubado pelo destino. A obstinação impôs sua pena. E eu me revoltava. Não queria mais chegar perto do piano.

Mas tirei muitas lições daquela época. Fui empresário de Roberto Carlos e Elis Regina, em sociedade com o Marcos Lázaro. Cuidei, por exemplo, de organizar uma grande luta do boxeador Eder Jofre, uma atividade muito recompensadora. Eder, campeão mundial de peso-galo e peso-pena, tentava recuperar o título de peso-pena. E conseguiu! Orgulho-me de tê-lo convencido a retornar aos ringues e ter promovido a luta em que foi vitorioso contra o cubano José Legrá. Diante dessa façanha – Eder já tinha 37 anos, era um pouco mais velho do que eu. Diante de sua vitória ante o desafio de recuperar seu título mundial, passei a me sentir um covarde por também não tentar, e comecei a pensar em voltar ao piano. Sentia que estava melhor e retomei os estudos. Primeiro com um teclado mudo. Não podia abandonar minha vocação. Sabia que ainda poderia fazer muita coisa. Decidi voltar a lutar pela minha arte. Voltei a sonhar.

A música sempre esteve no centro da minha vida, é meu refúgio mesmo quando me desvio do seu caminho. Nasci para isso. Quando me afastei da música ficou um cadáver no meu peito que parecia que jamais sairia. Devo tudo ao piano – é quase uma extensão do meu corpo. Acabei por construir uma obra de superação. Realizei meu primeiro grande projeto pessoal e um desejo de meu pai, José Martins: a gravação das obras completas de Bach para teclado, com 21 volumes. Fiz isso em duas etapas. A primeira, que incluiu 60% da obra, foi entre 1979 e 1985, e a segunda, com os outros 40%, entre 1993 e 1995. Considerava uma vitória para mim mesmo. Mas, de uns anos para cá, vejo minha contribuição e meu futuro com outros olhos.

No fundo, o que tenho com a música é uma espécie de loucura positiva, uma harmonia perfeita. Desde o primeiro dia em que me sentei à frente daquele universo em preto e branco, meus dedos começaram a se mexer sobre as teclas com facilidade. Era uma criança que estava com problemas de saúde que encontrou no piano um refúgio, um amigo. Tocava como se soubesse o que estava fazendo. Alguns meses depois de me iniciar no instrumento ganhei um concurso para jovens intérpretes de Bach. Minha ligação com o piano é profunda e divina, associada a uma curiosidade natural que me leva a querer explorar todos os seus limites.

Meu pai, que perdeu o dedo mindinho em uma gráfica na qual trabalhava em Portugal ainda menino e nunca pôde realizar seu sonho de tocar piano – iria começar as aulas no dia seguinte–, era fascinado pelo instrumento e pela música clássica. O acidente numa prensa de tipografia aconteceu quando ele tinha 10 anos. Todos os dias, no caminho para o trabalho, passava em frente a uma escola de música e ouvia as pessoas tocando. Viveu com a fantasia da música e transmitiu essa vontade para os filhos. Foi um homem que viveu harmonicamente e imprimiu essa marca na rotina familiar e profissional. Uma das brincadeiras que se fazia em casa era identificar o compositor das peças que ouvíamos na vitrola. Tocava a música e quem acertasse era elogiado. Houve uma época em que chegamos a ter sete pianos em casa, três deles de cauda. Todos os quatro filhos estudaram, mas só eu e meu irmão José Eduardo seguimos a carreira. No fundo, achava muito mais importante tocar. A carreira foi uma consequência natural.

Exemplo de harmonia é dado por aqueles músicos que compunham em campos de concentração nazistas. Como eram capazes? No meio do inferno conseguiam compor. Em alguns campos, como o de Auschwitz, na Polônia, usava-se a música de maneira perversa para exaltar o horror e destruir a dignidade das pessoas. Orquestras formadas por judeus eram obrigadas a tocar sem parar fazendo um trilha sonora macabra da marcha dos prisioneiros que se dirigiam aos locais de trabalho forçado. A produção musical desses compositores dos campos incluía a criação de melodias originais e de novos arranjos para obras conhecidas. O mais produtivo de todos esses artistas foi o violinista polonês Jósef Kropinski, que compôs mais de 400 obras durante o período em que ficou preso em Buchenwald, na Alemanha. Essa é a prova de que se pode buscar harmonia em situações da mais pura dissonância. No meio do caos, nascia a música, uma música da dor.

P.S.

Davi Yu era inspetor de orquestra, função
responsável por levar e distribuir as partituras
nas estantes de cada um dos músicos, de acordo
com seu instrumento e na ordem estabelecida no

programa. Num concerto em Indaiatuba, quando a orquestra se organizou para a passagem de som que precede o concerto, as violas perceberam que suas partes não estavam nas estantes. Chamei Davi e, um tanto contrariado, falei: "Você está ficando louco? Cadê a parte das violas?" Ele, em sua paciência chinesa, me respondeu: "Basta o senhor manter a harmonia da música sem elas." Foi uma correria, mas graças à tecnologia conseguimos as partes e o concerto foi realizado. Esse foi mais um fato ocorrido em nosso ano de estreia.

INSPIRAÇÃO

Inspiração significa colocar ar nos pulmões e, em sentido figurado, é aquela sensação que faz nascer o entusiasmo criador, que desperta as musas da poesia. Apesar da minha crença em que a transpiração costuma ser o mais importante na obra de qualquer artista, acho que não dá para viver sem inspiração. Devemos nos encher de ar, de gás e partir para a vida. Da inspiração vem a energia. E não basta inspirar a si próprio, apenas se sentir inspirado, viver só da própria inspiração. Esse sentimento precisa transbordar para os outros. E também deve ser buscado nos nossos exemplos. Quantas pessoas me inspiram? O que seria de mim se não fossem elas? Por outro lado, me alegra muito saber que as minhas atitudes têm sido fonte de inspiração para outras pessoas.

Você se sente motivado a continuar sua jornada quando percebe que aquilo que faz e transmite tem um efeito multiplicador. A ideia é esta: multiplicar a inspiração, inspirar as massas, propagar o maravilhoso impulso do conhecimento e das artes. Penso que a inspiração tem um efeito contagioso, no bom sentido. É algo que se propaga. As obras inspiradas são as que mais tocam o público, causam arrepios. Percebe-se claramente a diferença entre uma interpretação inspirada e outra sem emoção. Há uma conexão direta entre a potência criadora do artista e a qualidade da música, assim como com a permanência de seu efeito sobre o público.

Duas pessoas inspiradoras para mim, a quem não canso de prestar homenagem, foram meu pai e minha mãe. Pode parecer clichê, mas, no meu caso, é pura justiça. Vou dizer a grande virtude que o meu pai me passou: a determinação. Ele acreditava na educação pelo exemplo. A relação familiar era muito importante para ele. Homem muito inteligente que era, ao contrário do que infelizmente pensam muitos de nossos governantes, meu pai sabia que a cultura é fundamental. Devemos muito de nossa boa formação ao fato de ele ter sido um pai que fez com que a cultura e as artes fizessem parte do nosso dia a dia. O resultado é que todos os irmãos, cada um na sua área de atuação, são bem-sucedidos. Este é um bom conselho: levem arte e novos conhecimentos a seus filhos, criem novos canais de inspiração para eles. Isso vale para a música e também para todas as outras atividades e áreas do conhecimento humano. Meu pai era um homem muito disciplinado e disciplinador, longe de ser carrancudo ou mal-humorado. Como toda pessoa inteligente, tinha muito senso de humor, divertia-se com os filhos, era curioso, queria saber detalhes de tudo. Ouvia o que dizíamos. Não era só o amor à música, mas às artes em geral, ao pensamento, à filosofia. Íamos com ele e mamãe a concertos, óperas, peças de teatro, recebíamos pessoas em casa para saraus. Papai ensinava o caminho, dava a vara para a gente pescar.

Ele me transmitiu uma coisa que considero muito importante: a vitória da disciplina sobre o desânimo. É evidente que, diante de tantas adversidades, o desânimo acaba, vez ou outra, querendo afetar você. Acontece uma luta entre o bem e o mal. É como se a escuridão quisesse entrar na sua vida, tragar sua força e você reagisse com a luz do espírito de Deus, mantendo a sua disciplina. A disciplina afasta a tristeza e desperta a inspiração. Ela não vem do nada, é um processo, um hábito que você cultiva dia a dia. É muito importante superar o desânimo, algo que senti de maneira profunda depois do meu primeiro acidente num treino com a Portuguesa de Desportos, meu time do coração, no Central Park. Também desanimei quando descobri que tinha distonia.

O que posso dizer? Há momentos, na vida de todos nós, em que sentimos um vazio na alma, tudo parece muito repetitivo e enfadonho. Quando a esperança se esvai, precisamos buscar uma fonte de inspiração, encontrar algo que nos dê ânimo para atravessar essa fase difícil. Acho que existe um círculo virtuoso em que almas afinadas se alimentam de entusiasmo e colaboram para o processo criativo ou mesmo para ajudar a gente a sair dessa fase ruim. Inspiramos e somos inspirados. Aqui voltamos a um tema já tratado – a fé. Acreditar que existe algo maior do que nós é inspirador. Desde criança carrego essa crença em minha alma. Pelos ensinamentos que tive em casa, me atrevo a dizer que todos os caminhos levam a Deus, seja o cristianismo, o budismo, o espiritismo ou o confucionismo. Há caminhos diferentes para se chegar ao mesmo ponto. Sempre digo que acredito numa força interior e numa força superior.

Se meu pai era a ordem, ajudava a gente a pensar, minha mãe era o elemento de equilíbrio na casa, cuidava das coisas práticas e também trazia a magia do espiritismo de Allan Kardec para nosso lar. Meu pai era rígido, exigente, e minha mãe o amansava. Muito afetuosa, fazia a casa funcionar sem barulho e impunha respeito. Quatro filhos homens não devia ser fácil. Claro que São Paulo naquele tempo era muito mais tranquila, íamos sossegados para a escola a pé e tudo era menos apressado, mas posso dizer que ela foi uma verdadeira heroína, nos transmitiu responsabilidade e nos deu carinho.

Minha mãe lutou com bravura para que nada faltasse aos seus filhos, tinha instinto protetor sem excessos. Meu pai trabalhava durante na gestão da empresa de perfumes e ela cuidava de tudo em casa sem deixar de apoiar o marido na sua luta. Nos anos da Segunda Guerra, quando havia racionamento de alimentos, ela ia com os filhos para a fila e cada um recebia um pão de milho. Na nossa casa havia um galinheiro doméstico que garantia sempre aves para o abate e ovos pela manhã. José e Alay, meus pais, cuidavam juntos do galinheiro. Ela também tratava da horta, onde se produziam belas hortaliças.

Mamãe propiciava um ambiente de felicidade em nossa casa e se contrapunha à disciplina espartana imposta por papai. Se ele dava uma bronca, ela atenuava ou fazia uma intermediação que nos favorecia. Desde os tempos de namoro, meu pai queria que Alay tocasse piano, e o primeiro instrumento que comprou para a casa foi um belíssimo Schwartzmann, esperançoso de que ela se interessasse pelo instrumento. Ela gostava muito de cantar e tinha um excelente repertório popular. Cozinhava muito bem. Eu e meus irmãos adorávamos nossa rotina e nossos amigos se sentiam acolhidos por uma anfitriã simples e cativante.

Passei por momentos difíceis durante minha jornada e, sem querer ser arrogante ou pretensioso, conto minha história para, quem sabe, inspirar outras pessoas a atravessarem os períodos turbulentos da vida com determinação para alcançar seus objetivos. Minha trajetória, como a de todos nós, teve erros e acertos. Quem sabe servirá de inspiração para outras pessoas? Diante do espelho, você deve olhar nos próprios olhos, alcançar seu interior e se perguntar se está ou não no caminho certo. Confrontar-se consigo mesmo pode ser inspirador. Descubra o que o motiva, se expresse e encontre sua essência.

Quando jovem, eu me inspirava num dos maiores pianistas do século xx, o polonês naturalizado americano Arthur Rubinstein (1887-1982). Gostava dele pela sua atitude no palco, ousadia, técnica, expressividade e, antes de tudo, pela confiança que transmitia ao público. Talvez tenha sido o melhor intérprete de Chopin na história. Mais tarde, como já disse, ao ler as cartas de Bach, me inspirei em dois aspectos importantes da sua personalidade: primeiro, sem dúvida, a sua humildade e, segundo, a certeza de que deixaria algo muito importante para as gerações futuras e para a humanidade, embora isso nunca estivesse garantido. Tenho me esforçado para deixar um legado.

Gosto de pensar que algumas pessoas são predestinadas. Detalhes na vida podem criar uma mística em torno do potencial criador. Até que ponto meu destino não foi determinado pela frustração de meu pai por ter o dedo cortado um dia antes de ter aulas gratuitas com uma professora? Em uma das minhas apresentações recentes com a Bachiana Filarmônica no interior de São Paulo, em Bauru, a mãe de uma das crianças que se apresentavam se aproximou e contou um episódio interessante. Doze anos antes, ela estava grávida e foi assistir a um concerto meu na cidade. Durante a apresentação, pela primeira vez, seu bebê começou a dar pequenos chutes em sua barriga. Ela ficou entusiasmada e disse ao pai que o chute era um primeiro sinal de que seu filho seria músico. Agora, nesse novo encontro, tive a oportunidade de ouvi-lo tocar violino e certamente a profecia da mãe está se realizando. A partir de agora vou acompanhar a sua evolução.

Voltando à luta de Muhammad Ali com George Foreman, vejo uma reprodução da famosa lenda de Davi e Golias, em que a força interior e a obstinação superam a aparência. Ali se mostrou mais inspirado que o adversário franco favorito e se impôs pela autoconfiança e pelo preparo exaustivo de seus treinos. Comparo com minha volta ao Carnegie Hall depois da lesão no nervo ulnar e de um tratamento que parecia interminável.

Tecnicamente posso dizer com certeza que aquele concerto era quase impossível de ser realizado. Os médicos desaconselhavam. Nos ensaios ainda não me sentia 100%, achava que estava longe do objetivo. Mas queria fazer. Sabia que conseguiria. O retorno me inspirava, queria provar para mim mesmo que era capaz. Em vários momentos achei que não daria para continuar, mas fui até o fim com a mesma qualidade da primeira à última nota. Até o final da apresentação mantive o mesmo ritmo. Depois do acidente nunca mais tive a mesma resistência, e o fato de ter ficado sem tocar durante anos me desafiava a me apresentar durante aquelas duas horas e alguns minutos do meu recital de retorno. Lembro que, por insistência minha, meu empresário, Jay Hoffman, organizou a apresentação, mas deixou claro que eu havia me afastado por muito tempo e que talvez o público de Nova York não se lembrasse mais de mim. O recital aconteceu num Carnegie Hall lotado, com 2.800 pessoas na plateia e mais de 300 cadeiras no palco ao lado do piano. Espero que essa apresentação tenha servido de inspiração para muitas pessoas que pensam não ter capacidade para atravessar a linha de chegada.

Procuro inspirar as crianças pela música, pacientes internados em hospitais, moradores de rua, considero uma missão pessoal. Acho fantástico quando o inspirador e o inspirado se encontram. Espero algum dia me encontrar com Bach em algum ponto do universo. Por que não?

Alfred Cortot foi sem dúvida um dos maiores pianistas do século xx. Embora tenha havido polêmica sobre suas posições na Segunda Guerra Mundial, não sei o que é verdade ou mentira, nunca me aprofundei no assunto. Se ele realmente não teve uma posição antinazista, lamento profundamente, porque o nazismo é algo que abomino. No entanto, o pianista Cortot, mesmo após a guerra, continuou sua carreira e, no fim da vida, era respeitado em todo o mundo. Quando eu tinha 10 anos, numa turnê que ele realizava pela América do Sul, a Embaixada da França, junto ao presidente da Aliança Francesa no Brasil, conseguiu que ele ouvisse este então menino tocar piano. Após a audição, Cortot escreveu, de próprio punho, ao presidente da Aliança Francesa dizendo que eu deveria ser levado para a França para continuar meus estudos, embora já naquela época ele achasse um risco essa recomendação para um estudante, tal a dificuldade de assumir tamanha responsabilidade.

Naquela noite meu pai me levou para assistir a seu recital no Teatro Cultura Artística. Quando voltei para casa sonhei com a qualidade do som que ele tirava ao piano. Durante a minha juventude assisti a todos os grandes pianistas que passaram pelo Brasil, mas o som que eu recordava ter ouvido do piano de Cortot na infância nunca mais se repetiu. Hoje ainda me lembro daquele som que continuava vibrando após a execução de uma nota. Ele conseguia isso ao piano, prolongar a nota. Vou contar um segredo: acho que finalmente consegui tirar do piano aquele som que eu ouvi aos 10 anos. É a prova de que ainda consigo realizar algo com minhas mãos precárias. Demorou muitos anos, mas valeu a inspiração de ouvir no passado um piano cujas ondas sonoras se espalharam pelo teatro e atingiram em cheio minha alma.

P.S.

Um dia, antes do ensaio, me apresentaram um jovem como sendo um compositor promissor, que pediu para tocar uma composição improvisada em minha homenagem, pois estava muito inspirado. A música não acabava. Já passava de 20 minutos e eu já não aguentava mais, mas fiquei firme. Quando ele finalmente parou, fui sincero e recomendei que ele estudasse outra coisa, medicina, por exemplo, que também fala da expiração. Nesse momento ele confessou que tudo não passava de um trote. Era mais uma brincadeira do nosso fagotista Eliseu com este velho maestro.
O inspirado Eliseu chegou a gravar os comandos do Wase imitando minha voz e com frases engraçadíssimas. Sei que vários músicos já se orientaram pelo aplicativo tendo a "minha voz" no comando.

JOÃO

Quem é João? A pessoa mais insegura que alguém possa conhecer, ou a mais segura. A pessoa mais disciplinada nos seus objetivos, ou a mais indisciplinada, pois não respeita seus limites. Um conservador que acredita na palavra inovação. Um velhinho durante alguns instantes, ao acordar, e uma criança no resto do dia. Um católico que acredita em reencarnação e, também, uma pessoa que acredita que a pior coisa que pode acontecer após alcançar o objetivo é o cansaço em sustentá-lo. Em certas horas, sou uma pessoa que acha não ter feito nada na vida, em outras tenho a sensação de já ter feito de tudo. Sou alguém que não tem medo da morte, mas luta desesperadamente quando ela se aproxima e enaltece a importância da vida.

Sou alguém que considera a maior mentira do mundo a verdade absoluta, uma pessoa que gosta de receber uma visita em casa e adora quando essa visita não se estende por horas e horas a fio. Alguém que vive a música 24 horas por dia, que ama fazer música, mas não gosta tanto assim de ouvir. Um músico que sabe ter recebido o dom de Deus e que tem consciência de que quase jogou esse dom no fundo de um oceano, de uma maneira que poderia jamais recuperá-lo. Um irreverente respeitoso, alguém que sabe rir e chorar, que não tem medo de se emocionar. Uma pessoa que não sabe dizer não, mas que às vezes tem medo de dar um sim definitivo.

Pacífico revolucionário também é uma boa definição para João. Um revolucionário na arte de interpretar e um conservador na escolha do repertório. Um amante do público e das pessoas com a mesma intensidade que ama a solidão e o afastamento. Um viciado no trabalho que gostaria, desde os 30 anos, de se aposentar e morar numa praia, mas que sabe que jamais se afastará da música e do trabalho. Um andarilho que adora uma cama.

Todos esses extremos fazem parte da vida do João. Não tenho receio de mostrar exatamente como sou, pois é a diversidade de experiências de um ser humano que acaba por forjar o homem, com seus defeitos e ideais, que o ajudam a influenciar a sua comunidade e o seu entorno. Reconheço que o tempo acaba por indicar o caminho que você deve seguir, e só o tempo me mostrou que eu tinha um destino a cumprir, um compromisso comigo mesmo. Essa percepção chega até nós através de um fato relevante, uma inspiração divina ou, simplesmente, por uma responsabilidade que você assume perante si mesmo.

Na minha infância eu achava que havia um lado ruim em se chamar João. Sempre que era chamado para uma pelada, um jogo de futebol, na casa do nosso vizinho de muro, eu ia, mas antes do jogo, enquanto os outros brincavam de João Bobo, eu ficava olhando de longe. Pensava no porquê de terem escolhido o nome de João para essa brincadeira, até hoje usada por muitas seleções antes do início da partida. Dizem que Garrincha, nosso gênio do futebol, chamava de João qualquer becão que ele driblava genialmente. Mesmo que isso seja uma inverdade – um jornalista teria inventado a história –, o fato é que sobrou para o João. Por que escolheram o nome João para ser o bobo? O mesmo digo daquele boneco arredondado que balança e nunca cai. Garrincha teve problemas por causa dessa invenção. Muitos jogadores chamados João se sentiram ofendidos.

Tampouco gostava quando iniciei minha carreira no exterior e era chamado de Joao, sem til. Raramente um estrangeiro consegue fazer o som anasalado do "ão". Fica "jo ao". Para ser sincero, mais do que o joguinho de João Bobo na infância, me irritava o Joao sem til do início da carreira fora do Brasil. Não gostava que falassem meu nome errado. Era uma implicância que finalmente superei. Comecei a ver outros Joãos com um sentido positivo. Já no começo dos anos 1960, o Papa que fez uma revolução na Igreja escolheu o nome de João XXIII. No fim das contas, só posso dizer que gosto muito do meu nome. Tem a maravilhosa festa de São João, com muita música e comida. São João, por sinal, foi uma pessoa fantástica e fundamental para o catolicismo.

Nos anos 1960 e 1970, principalmente nos Estados Unidos e na América Latina, o Joao sem til ficou famoso graças à Bossa Nova e ao genial João Gilberto. Sobre ele tenho uma história maravilhosa. Por coincidência, íamos juntos ao hospital da New York University School of Medicine para fazer fisioterapia e acabamos ficando amigos. Passaram-se quase 40 anos e nunca mais vi João, um dos maiores músicos que conheci. Certa feita, ao chegar ao hotel Pestana, em Salvador, me contaram que o João Gilberto estava passando uma temporada naquele hotel. Pedi o número do quarto e o recepcionista me disse que ele não autorizava que fosse fornecido. Pedi então ao recepcionista que desse o número do meu quarto a ele.

Em menos de 10 minutos ele me telefonou. Conversamos longamente e ficamos muito emocionados relembrando as nossas idas à loja da Varig para ler os jornais brasileiros após o tratamento no hospital. Era uma delícia. Naquela época não havia internet, e o melhor lugar para encontrar um jornal com notícias do Brasil e manter contato com as coisas que estavam acontecendo por aqui era a agência da Varig. Era mais fácil encontrar um jornal lá do que no consulado.

Ficamos lembrando os nossos telefonemas antes dos concertos. Eu achava que essas conversas davam sorte – tenho algumas superstições. Nesse dia, em Salvador, ele me disse que atualmente eu representava a garra, a superação e a música no Brasil. Chegou a dizer: "João, você é o Brasil." Chorei no meu quarto ao ouvir um ídolo meu se referir a mim desse jeito. Falamos meia hora e nos despedimos porque eu tinha que ir para o ensaio. Quando passei pela recepção, o mesmo recepcionista me perguntou se o João havia me telefonado e eu disse que sim. Em seguida ele quis saber se o encontro tinha sido legal, já que, quando pedi o número do seu quarto, acabei contando nossa história em Nova York. Eu respondi que fora bárbaro e que tínhamos ficado muito emocionados. Quando ele me perguntou se eu havia gostado de revê-lo eu esclareci que a conversa tinha sido pelo telefone. Só então eu soube que o quarto dele era ao lado do meu! Coisas de João Gilberto.

Nesse esforço para definir quem é João chego a este livro, que se chama *João de A a Z*. Várias obras têm sido feitas a meu respeito e encaro todas como parte de um projeto de autoconhecimento. Hoje tenho orgulho do nome João e adorei darem o título de *João, o maestro* ao filme, de 2016. Depois veio a peça *Concerto para João*. As duas obras mostram que estou completamente resolvido com meu nome e me ajudaram a entender quem é João. Este João sou eu.

O filme, com roteiro e direção do fantástico Mauro Lima, já está em carreira internacional; não é exatamente uma biografia documental, mas uma história romanceada da minha vida. As histórias contadas são todas verdadeiras, mas com o toque necessário do romance. Esse era o projeto desde o início. Mauro Lima teve apenas uma conversa comigo e se baseou em biografias – como *A saga das mãos*, que escrevi em parceria com Luciano Ubirajara Nassar, e *Maestro! A volta por cima de João Carlos Martins e outras histórias...*, de Ricardo Carvalho – e documentários – como o franco-alemão *Die Martins-Passion*, de Irene Langemann, o belga *Rêverie*, de Johan Kenivé e Tim Herman, e o brasileiro *O piano como destino*, de José Roberto Walker – para escrever o roteiro. Havia uma ideia de formato para o filme. Eu o deixei livre para criar e dirigir. Depois do roteiro pronto só fiz dois pedidos: que a trilha do filme fosse nossa e que eu pudesse acompanhar a gravação das cenas das mãos ao piano. Acabei acompanhando muitas filmagens, mas nunca me meti. Só falava quando era consultado.

Na parte musical, o filme representa 100% do que aconteceu. Já a dramaturgia baseada na minha vida pessoal contou muitas vezes com a criatividade do diretor. Algumas mudanças foram feitas para não precisar desenvolver mais personagens ou filmar em outras localidades. Em relação aos casamentos, por exemplo, só há dois. O primeiro e o atual relacionamento com Carmen. As personagens femininas foram condensadas. Também foi alterada a locação das cenas da minha primeira experiência sexual. No filme, a situação se passa em Montevidéu, no Uruguai, mas na realidade o fato aconteceu em Cartagena das

Índias, na Colômbia. Eu tinha 18 anos, estava fazendo apresentações pela América Latina, já era um pianista conhecido, tinha namoradas, mas continuava virgem. Decidi que estava na hora de perder a virgindade. Até então só havia me dedicado ao piano. Quando cheguei a Cartagena para fazer uma apresentação no Teatro Heredia peguei um táxi e, conversando com o motorista, puxei assunto sobre locais para se divertir na cidade e comecei a elogiar as moças que passeavam à beira da praia. Ele entendeu na hora. Falou que sabia do que eu estava precisando e que ia me levar a um determinado endereço antes de me deixar no hotel. Era uma casa na região histórica e, quando entrei, deparei com várias mulheres maravilhosas. Não quis mais sair de lá. Peguei minha bagagem no táxi, que estava me esperando, e passei três dias e três noites hospedado na casa das moças. No último dia uma delas viu minha foto no jornal e elas pediram para assistir a minha apresentação. Pedi ao bilheteiro que reservasse alguns ingressos para umas primas que moravam na cidade e ele reservou um camarote ao lado do governador e do arcebispo. Quando entrei no palco, elas ficaram muito entusiasmadas e, de repente, ouvi um grito: "Dá-lhe, Juanito!"

Acho essa história divertida, mas já que entrei nesse assunto de sexo, posso dizer que sempre preferi a privacidade e o respeito, com qualquer parceira que fosse.

Casamentos foram três. Relacionamentos, dois. Tenho quatro filhos, três rapazes e uma moça, dos quais me orgulho muito. Eles me deram oito netos maravilhosos. Três meninos e cinco meninas. Gostaria de ter sido como meus pais, que ficaram casados por 67 anos. Mas minha vida não foi assim. O importante é lembrar os bons momentos e virar a página nas divergências, como um período, no começo dos anos 1990 na política, do qual me arrependo profundamente.

Mudei de rumo algumas vezes porque minha história é essa. Fiz escolhas, algumas certas, outras erradas, mas não fugi do compromisso comigo mesmo. Fui forjado para atingir objetivos. E não paro enquanto não consigo. Neste capítulo só posso dar um conselho: não se traia, seja você mesmo.

P.S.

Numa viagem de avião a Belo Horizonte, sentou-se ao meu lado um senhor de meia-idade que conhecia minha vida melhor do que eu mesmo. Ele, inclusive, tinha um livro meu em sua pasta. O homem perguntou se deveria me chamar de maestro ou se podia me chamar de João. Deixei-o à vontade. Em seguida me pediu que autografasse o livro para ele. Fiz uma dedicatória extensa, agradecendo seu interesse pela minha trajetória. Logo em seguida, ele me ofertou um livro de sua autoria. Quando o abri, qual não foi meu espanto ao ver a dedicatória: "Ao maestro José Carlos Martins!"

LIBERDADE

Tenho que começar contando uma particularidade que fará o leitor entender imediatamente o que quero dizer. Sou livre nas pequenas e grandes coisas. Detesto usar cinto de segurança, tanto no carro como no avião, mas evidentemente sigo as regras. Detesto usar roupa apertada, as minhas são sempre largas. Minhas cuecas são só samba-canção. Não gosto de sentar na poltrona da janela do avião, prefiro o corredor para me sentir livre. Movimento-me o tempo todo. Com essa introdução o leitor pode imaginar como o espírito de liberdade faz parte da minha vida. Aliás, quero dizer que nunca carrego chaves de casa porque, quando saio, não tranco nada. São os outros que cuidam de trancar ou destrancar as portas de casa. Nem chave de carro carrego. Já deixei as chaves no contato com o carro aberto inúmeras vezes. Sou fundamentalmente um homem livre no meu cotidiano, me abstraio das coisas que considero secundárias. E acredito que isso mostra o meu espírito. Mas existem formas mais nobres de se exercer a liberdade: no trabalho criativo e no respeito ao trabalho criativo do outro.

No meu caso, a liberdade fundamental é a de expressão, em particular na arte interpretativa, mas também na política e no exercício da cidadania. Na arte, seja no solo ao piano ou regendo uma orquestra, você necessita usar sua liberdade, não apenas para ser diferente, por um capricho, uma vaidade, e sim por convicção, por acreditar que você tem o direito de expressar sua opinião ao piano ou como maestro mesmo que ela não seja igual à do compositor da obra. Não é obrigatório fazer diferente. Você pode concordar plenamente com o autor e interpretar a peça tal como foi escrita ou não. Concordar também é uma forma de ser livre. Há algo que se chama personalidade, uma marca que se imprime naquilo que se faz. Ninguém pode ser sumariamente calado.

A liberdade para criar e expressar sua arte é um direito inalienável. E acredito que todos têm esse direito, sem jamais esquecer que liberdade é um conceito relativo – há que se respeitar a liberdade do outro.

Durante o regime militar fui secretário estadual de Cultura por 10 meses. Foi minha única passagem pelo poder público. Assumi posições avançadas na defesa da cultura e da arte naquele início dos anos 1980. Tão avançadas que, certo dia, acabei recebendo em casa a visita do Serviço Nacional de Informações (SNI) por causa da minha proximidade com artistas como a atriz Ruth Escobar (1935-2017), naquela época deputada estadual que lutava contra o regime, e o incomparável diretor José Celso Martinez Corrêa, fundador do Teatro Oficina. Respondi aos agentes que continuaria apoiando os dois.

Naqueles tempos, como secretário, iniciei o tombamento do Teatro Oficina e do Teatro Brasileiro de Comédia (TBC), então capitaneado por Antônio Abujamra (1932-2015), que me procurou no gabinete e me encontrou tocando piano. Preciso dizer que a condição para aceitar o comando da Secretaria foi ter o instrumento no gabinete para estudar.

Por meio do Conselho de Defesa do Patrimônio Histórico, Arqueológico, Artístico e Turístico (CONDEPHAAT), órgão da minha pasta, iniciamos o primeiro processo, junto ao geógrafo Aziz Ab'Saber, ao advogado Modesto Carvalhosa e ao arquiteto Benedito Lima de Toledo, de tombamento ambiental no estado de São Paulo da serra do Japi e parte da serra do Mar, dois marcos de preservação no Brasil. Também demos início ao processo de tombamento da Casa das Rosas, na avenida Paulista.

Salvamos dois grandes teatros paulistanos de se transformarem em supermercados. E isso não guarda qualquer relação com o fato de ser de esquerda ou de direita. Não foi a ideologia política que motivou minhas decisões. Apenas segui minha consciência na certeza de que é essencial o reconhecimento do valor artístico, histórico e arquitetônico de lugares que fizeram do Bexiga o nascedouro do teatro moderno brasileiro. São patrimônios culturais da mais alta relevância. Considero o Zé Celso, como considerava o Abujamra, um desses gênios que apareceram no teatro brasileiro. Eles tinham coragem de tomar atitudes em épocas em que ninguém movia uma palha em benefício da cultura. Ambos são verdadeiros heróis. Uma vez Zé Celso escreveu um artigo intitulado "JC ama JC". Uma honra! E Abujamra recitou, magnificamente, o testamento de Beethoven num concerto que fiz com a *Nona sinfonia*. Inesquecível!

Continuo metido para valer na campanha em defesa do Teatro Oficina. Estou 200% dentro. E não se trata de ser contra o Silvio Santos ou de nada ideológico. Mas de ser a favor da preservação da memória e do desenvolvimento da cultura e da liberdade criativa. Em 2017, na data de aniversário da cidade, fiz um concerto gratuito no local (haja concerto gratuito, rsrsrs). Compartilho da visão do Zé Celso sobre a preservação do patrimônio. Quanto ao TBC, que completou 70 anos, lamento que esteja fechado há uma década. O prédio ainda está de pé, esperando alguma atitude do governo ou de uma alma caridosa e cidadã para salvá-lo. É o momento de colocar o TBC de novo para funcionar. Gostaria de entrar numa campanha desse tipo.

Para citar um exemplo de liberdade, temos a atriz Fernanda Montenegro, de quem tomei uma aula fantástica em 2015, ao ouvi-la antes de um concerto que fizemos nos 40 anos da morte brutal do jornalista Vladimir Herzog. Fernanda, indignada, exaltava a importância da democracia ao interpretar um texto de Míriam Leitão. A leitura encheu a Sala São Paulo de emoção. Ficou claro que Herzog é o símbolo da liberdade de expressão, direito inalienável das pessoas de se manifestarem sem ser violentadas, caminho indispensável para o desenvolvimento de uma nação. Em seguida, a Bachiana Filarmônica fez um concerto em honra da memória do jornalista, contando com a participação do casal de pianistas norte-americanos Robert Levin e Ya-Fei Chuang, considerados dois dos principais músicos da atualidade.

Quando faço concertos na Fundação Casa ou em presídios, convivendo por um curto período com os internos, vejo o que significa a falta de liberdade. Nessas apresentações noto que muitos têm lágrimas nos olhos e a esperança de mudar de vida. Frequentemente quebro o protocolo e me junto àqueles que estão do outro lado do cordão de isolamento porque sei que ali conquistei a cumplicidade da música e, através dela, dei alguns momentos de liberdade a um público que por ela anseia. Certamente também deve haver ali os injustiçados, os que não tiveram oportunidades e os que tiveram seus talentos desperdiçados. Também penso na privação da liberdade política, como no caso do grande líder sul-africano Nelson Mandela, que passou 27 anos na cadeia, primeiramente em Robben Island e depois nas prisões de Pollsmoor e Victor Verster. Seu crime foi ter ideais, sonhar com uma sociedade mais justa para seu povo! Só foi libertado em 1990, após uma grande campanha internacional e quando se intensificava a guerra civil na África do Sul.

Nem preciso dizer que liberdade não pode ser sinônimo de anarquia. Liberdade é democracia, pluralidade, é respeito às diferenças. Na arte interpretativa, anarquia seria tocar uma obra de Bach simplesmente para ser diferente, e não por convicção estética. Liberdade envolve responsabilidade, o que sem dúvida tive, apesar da ousadia, quando tomei uma atitude num concerto nosso na Catedral de Brasília. Prometi ao padre que minha missão era transmitir emoção e felicidade e, dessa forma, comecei o concerto com *Jesus, alegria dos homens*, de Bach, seguido pela *Quinta sinfonia* de Beethoven. No bis, notando a felicidade do público na catedral lotada, mudei o rumo. Sem saber se Adoniran Barbosa era católico ou não, falei para o público que, pelo seu amor a Deus, iria executar seu *Trem das onze*. A catedral inteira cantou com a orquestra sob a minha regência. Cumpri a promessa feita ao padre. Foi lindo!

Uma vez no Carnaval, em plena Vila Madalena, com diversos blocos nas ruas, toquei durante meia hora algumas peças de Bach. Todos os blocos pararam em respeito ao Mestre Kantor. Parecia mágica. Agradeci a todos pela meia hora de reflexão e em seguida os blocos continuaram a festa. Vejo essa mistura de esferas, tanto do popular com o erudito quanto do sagrado com o profano, como um exemplo de liberdade do público e do artista. No caso de Bach, o que se vê é a música sacra ecoando no meio da loucura carnavalesca, e no de Adoniran, é o samba invadindo a igreja.

Na arte interpretativa, entendi cedo o que significa liberdade com bom gosto. Eu tinha 16 anos naquele longínquo 1956. Villa-Lobos veio a São Paulo almoçar com o professor Kliass, que avisou ao maestro que gostaria que ele escutasse um jovem aluno dele após o almoço: eu. Toquei Bach, Chopin e depois o 1º movimento de seu *Concerto nº 5* para piano e orquestra. Uma passagem que tinha indicação para ser tocada forte toquei pianíssimo, bem fraca. Kliass, de longe, fez sinal com a mão indicando que eu estava errado, mas Villa-Lobos falou: "Deixa continuar." Ao final, o próprio me disse: "Você é atrevido, rapaz, mas ficou mais bonito." Naquele dia comecei a acreditar mais em mim mesmo e ganhei segurança para interpretar as obras da minha maneira ou não. Encontrei o limite entre respeitar o autor e confrontá-lo. Toquei com as principais orquestras americanas e sempre fiz questão de ser livre. Os resultados, na minha opinião, foram gratificantes.

Viajei muito e continuo viajando. Conheci mais de 70 países. Nas minhas andanças estive nos países da ex-União Soviética, circulei por várias capitais comunistas. Tocar Bach me dava carta branca para me apresentar em qualquer lugar. Voltei para várias dessas cidades depois da queda do Muro de Berlim e pude ver a diferença entre ditadura e democracia. Antes havia um clima soturno, você percebia que as pessoas sentiam medo. O exército era onipresente. Depois tudo mudou, havia uma certa euforia no ar. Liberdade só é entendida quando alcançada. A sensação de liberdade não aparece num povo da noite para o dia. Lembro perfeitamente quando passei pela

Alemanha Oriental, em 1967, e considerei o regime mais radical do que nos outros países comunistas. E, após a queda do Muro, pude verificar que ninguém entendia direito como aquilo tinha acontecido.

Uma vez, em 1993, estava tomando o café da manhã sozinho num hotel em Sófia quando reparei num grupo de pessoas que conversavam numa mesa próximo à minha. Parecia ser gente de poder. Usavam o inglês como idioma. Aquele inglês macarrônico como o meu, que todo estrangeiro entende, menos os americanos. De repente um senhor mais velho, com pinta de ex-chefe comunista, disse: "Comunismo, capitalismo, democracia, não importa, o que vale é o poder." Falou um pouco alto demais e os outros membros da mesa olharam para mim, que encerrei o meu café quanto antes e me mandei.

Já no fim da década de 1990 e no começo de 2000 tudo mudara. Não se sentia mais aquele clima de conspiração e de desconfiança entre as pessoas. Aí, sim, dava para perceber a diferença de comportamento, 10 anos depois da queda do Muro, principalmente por conta da nova geração que assimilou a cultura dos países capitalistas. Na Alemanha Oriental se notava o impacto e a importância da democracia principalmente nas ruas, onde se viam muitos bares lotados, gente feliz e se respirava liberdade. Nada como uma sociedade democrática. É o melhor ambiente para se estimularem as potências produtivas e criativas na música ou em qualquer outra área. Termino este capítulo defendendo a democracia e a liberdade criativa. Sejamos livres, mas com a consciência de que a liberdade é um direito coletivo. Há que se respeitar a liberdade do outro. Tem uma frase que resume bem isso: a minha liberdade termina onde a do outro começa. Encontrar esse equilíbrio nem sempre é tarefa fácil, mas se houver boa vontade a gente chega lá!

P.S.

Na minha juventude toquei um concerto no Teatro Coliseu, em Santos, sob a regência de Moacir Serra. Na segunda parte a orquestra tocou *Abertura 1812*, de Tchaikovsky, que tem, em um determinado trecho, o som de um tiro de canhão. O percussionista de última hora, além de seus muitos erros rítmicos, deu o tiro num trecho totalmente errado. No final do concerto vi o maestro passando-lhe uma tremenda carraspana, à qual ele rebateu: "Um percussionista sem liberdade não é músico de verdade." E justificou suas falhas dizendo que odiava Napoleão, personagem inspirador dessa obra. Nunca mais ouvi falar desse rapaz.

MÚSICA

Entre as artes, a música ocupa um lugar especial para mim. Óbvio! Mas sou capaz de ver o ecletismo nas artes. Elas se completam para moldar a cultura de uma nação. Não faço parte do grupo de músicos que ignoram o melhor das outras artes. Tenho, naturalmente, conhecimento das artes em geral, mas a música é meu ofício, é dela que entendo e a ela devo tudo de bom que aconteceu na minha vida. Para perceber como as artes se comunicam e, mais do que isso, se completam, basta imaginar alguns cenários. Caso esteja admirando Michelangelo, por exemplo, na Capela Sforza (Basílica de Santa Maria Maggiore), ou uma obra de Rafael, de qualquer um desses gênios das artes plásticas na Renascença, e tiver a oportunidade de ouvir, ao mesmo tempo, o som de um órgão com obras da época ou mesmo o Barroco de Bach, a impressão que fica é que ambos se completam e ajudam você a ver com olhos mais emocionados a beleza arquitetônica da catedral.

Se você ouve uma melodia que ganhou através da poesia uma letra adequada e que reflete a expressão do som, você sempre sentirá falta daquela letra. Quando ouvi-la, terá uma sensação de satisfação. O que seria de *Nessun Dorma*, de Puccini, sem a combinação entre letra e música? Com a interpretação, fica ainda mais bonita. Para ficarmos mais atualizados, é impressionante como as letras de Vinicius de Moraes iluminam muitas das composições de Tom Jobim. Há uma perfeita combinação de harmonia e melodia. Desde o cinema mudo, na época de Charles Chaplin, a música ajudava a intensificar a ação, como até hoje. Da mesma forma que as artes merecem ser admiradas individualmente, vale observar que cada uma tem um campo de ação e, quando unidas, dão origem a uma nova forma de arte, como a ópera, o cinema, a performance e o teatro musical, em que estão combinados elementos de várias formas de expressão.

E o silêncio? O silêncio faz parte da música. É a pausa. O silêncio completa a expressão artística, acentua a percepção da forma, lhe dá contorno. Inclusive na música. É bom admirar uma exposição de artes plásticas em silêncio. As formas se impõem com vigor no silêncio. Gosto de desfrutar a leitura de um livro concentrando-me única e exclusivamente no sabor das palavras e nas formas que elas vão desenhando em nossa imaginação (adoro Eça de Queirós). Para quem consegue ler ouvindo música, pode ser igualmente bom associar a literatura a uma música específica. As artes, cada uma delas, têm, e assim deve ser, vida própria e, ao mesmo tempo, podem ser unidas para transmitir emoções. Unidas ou isoladas, são capazes de traduzir toda a essência do ser humano.

A arte é e deve ser universal, independentemente da cultura onde se origine. É o que nos faz humanos. Somente o ser humano produz arte e cultura. São a nossa identidade. Se olharmos a história, veremos que nas guerras, invariavelmente, destruía-se, ou roubava-se, a arte. Por ser a música uma arte imaterial, é mais difícil arrancá-la de um povo. Esse cenário muda drasticamente quando falamos da arquitetura, por exemplo, ou no caso de grandes monumentos. Jamais recuperaremos os Budas de Bamiyan, destruídos pelos fundamentalistas do Talibã. Nós, músicos, somos privilegiados, pois o som de uma sinfonia não desaparece. Mesmo os compositores que foram amaldiçoados pelo nazismo, como Hindemith e Schönberg, sobreviveram a ele. No caso dos museus, o poder econômico consegue mudar geograficamente um acervo histórico de obras de arte, o que na maioria das vezes é o que mantém a obra preservada. Pensemos nos pedaços do Partenon, por exemplo, que estão na Inglaterra. Sinceramente, não sei se estariam melhor na Grécia, expostos às intempéries do tempo. Já a música está em todo lugar.

Nas artes, especialmente na música, não existem vencedores ou derrotados, como no esporte, onde sempre deparamos com um opositor. Temos uma ferramenta preciosa nas mãos. Com a música você consegue atrair o jovem para um universo muitas vezes desconhecido por ele, e que certamente acabará por mudar o seu destino. E ele não precisará ser sempre um campeão, nem jogar na primeira divisão. A arte pacifica. Na época da Guerra Fria, os Estados Unidos mandaram Dave Brubeck e seu quinteto mostrar o jazz aos soviéticos, que se apaixonaram pelo gênero, da mesma forma que o Balé Bolshoi empolgava os americanos em suas turnês pelos Estados Unidos.

Durante a tragédia da escravidão no Brasil colonial, era através do ritmo e da música que os negros aliviavam suas dores. O Brasil é um dos países mais ricos em matéria de ritmo por causa da índole percussionista da raça negra, que tanto nos influenciou musicalmente. Assim como aconteceu com o jazz nos Estados Unidos, a fusão do ritmo africano com a música europeia deu ao Brasil a sua mais original expressão musical – o samba. A música é a trilha sonora da vida. Quantas pessoas vão às lágrimas por causa de uma música, quantas encontram conforto nos acordes musicais, quantas histórias de amor se iniciam por causa de uma melodia, que se torna o símbolo daquele casal. Se, por um lado, o ritmo foi usado para incentivar um exército a marchar em direção ao inimigo, por outro, foram as primeiras notas da *Quinta sinfonia* de Beethoven o código para o início da invasão da Normandia, o começo do fim da Segunda Guerra Mundial. Uma cena de terror sem fundo musical não nos assusta tanto, assim como um beijo sem música não consegue nos levar às lágrimas.

Para Platão a música é um dom divino. Ela não está circunscrita à técnica, à arte ou à ciência. Na visão do filósofo, é um presente das musas. Musas e música, por sinal, derivam da mesma palavra grega, que significa "perquirir" ou "desejar". Há uma sabedoria intrínseca no conhecimento musical que se confunde com o canto do poeta. Ela aproxima seus ouvintes da filosofia e é um elo entre os homens e os deuses. Quem canta está inspirado e possuído. As melodias são sopradas pela divindade. E existe uma harmonia ou um movimento ordenado que integra a alma humana e o mundo.

O saldo da minha relação com a música é infinitamente positivo, razão pela qual a minha frase preferida é "A música venceu!". E no que depender de mim, sempre vencerá! Me esforço permanentemente para contribuir com minha arte para um mundo melhor. Busco engrandecê-la, como busquei ao piano e faço agora com a regência. Percorro incansavelmente o Brasil num projeto de democratização da música clássica, levando-a a todos os lugares que tenho oportunidade. Acho que a música clássica tem o direito de chegar às pessoas, assim como acredito que as pessoas têm o direito de conhecer a música clássica. Tenho isso como missão.

Nessas andanças, vira e mexe aparece uma história curiosa.

É impressionante o número de histórias musicais que aconteceram na minha vida, mas certamente não caberia tudo neste livro.

Sempre que viajo em turnê aparece alguém que escreve uma carta ou um cartão com muito carinho. Guardo todos em um bauzinho e aproveito para pedir desculpas se não respondi a algum. No entanto, às vezes não é uma carta, mas uma composição, geralmente de um músico amador e muito bem-intencionado. Uma vez apareceu um desses músicos com uma composição em minha homenagem. Tratava-se de uma cópia malfeita da *Marcha fúnebre*, de Chopin. A dedicatória dizia: "Ao genial João Carlos Martins, meu ídolo, e ao seu futuro." Eu olhava para ele e pensava: *Esse cara quer me ver morto*.

Logo a seguir ele me "receitou" um remédio alternativo e propôs que fizéssemos uma prece juntos. Encasquetei com a *Marcha fúnebre* e nessa hora eu disse, sem nenhuma convicção: "Amigo, infelizmente sou ateu." Ele me respondeu que mesmo assim a composição que me dedicava iria me ajudar muito. Esperei o "compositor" com expressão de filme de terror sair e deixei de lado a partitura e o remédio. Fiquei um pouco angustiado com aquela figura meio fúnebre e fui abrir a janela do camarim. Bem em frente, do outro lado da rua, vi a placa da funerária local e pensei: *Essa música ia acabar me trazendo uma paz diferente... a eterna*. Como já disse, sou supersticioso. Então combinei com o pessoal de minha assessoria que dessa vez sairíamos direto após o concerto, sem tirar fotos ou dar autógrafos. Confesso que fiquei (mal) impressionado com a visita ao meu camarim e não estava animado para correr o risco de encontrar novamente o "compositor futurólogo". Graças a

Deus estou vivo e já interpretei muitas vezes a *Marcha fúnebre*, de Chopin, ao piano e a *Marcha fúnebre*, de Beethoven, com orquestras. Essas não foram dedicadas a mim.

Falo tanto de música ao longo do livro, que não preciso me estender muito neste capítulo. Corro o risco de repetir histórias que já contei. Se quisesse fazer um final dramático, diria: "A música é minha vida!" Fico com o meu slogan predileto: "A música venceu." Ela faz parte da existência cotidiana de bilhões de seres humanos. Quem não ouve, pelo menos uma vez por dia, um arquivo de áudio ou uma música no YouTube? Que não seja música clássica, que sejam outros estilos, não importa. Em qualquer lugar a que você for agora vai haver alguém ouvindo uma música, ou ouvirá daqui a 10 minutos ou meia hora, ou quando acordar de manhã. Mesmo no trabalho muita gente fica hoje com o fone de ouvido tocando uma trilha sonora boa para produzir melhor. E produz. A música é um vento que sopra a favor da vida. Sem ela, a existência, a minha, a sua, a nossa, não teria sentido.

P.S.

Por causa da música muita gente me conhece como "maestro", mas muitas vezes sem saber meu nome. Há alguns anos, após um concerto em Manaus, estávamos na fila de embarque, eu na frente e a orquestra logo atrás, quando uma moça, com o uniforme de uma conhecida rede de lanchonetes, veio correndo me abordar pedindo para tirar uma foto, ao que atendi prontamente. Ela saiu caminhando, feliz, e disse em voz alta, segundo o relato de alguns músicos que estavam mais atrás na fila: "Finalmente consegui uma foto com o Pavarotti!"

NEUROLOGIA

Em anos recentes entreguei meu corpo à neurociência e fiquei aos cuidados do espetacular neurocirurgião Paulo Niemeyer Filho. Fizemos o implante de um neurotransmissor no meu cérebro. Consegui voltar a ter os movimentos da mão esquerda perfeitos por um bom tempo. Sempre estou aberto a novas possibilidades de tratamento que possam vir a surgir. Atrevo-me a dizer que virei um instrumento da medicina. Sou um teimoso. E o que fiz foi continuar minha trajetória a qualquer custo, fazendo adaptações no meu caminho com a indispensável ajuda da ciência, mas nem sempre seguindo à risca as orientações médicas. Raul Cutait e Rames Mattar que o digam! Não gosto de abandonar meus objetivos por mais que a realidade seja desfavorável. Mas precisamos saber quando é preciso se render em uma batalha, quando todos os recursos se esgotaram. Nem sempre sou bom nisso. Já disse que sou teimoso. Seja como for, ainda sonho em recuperar, através de novos recursos neurocientíficos, a mesma habilidade com os dedos que tinha quando era pianista. Isso fica sempre na minha cabeça, não posso negar. E hoje qualquer chance que eu tenha de voltar a tocar passa pela medicina e pela informática.

Não é que a letra anterior, M de música, se articule diretamente com o N de neurologia. De alguma forma as duas estão associadas na minha trajetória. Tocar perfeitamente envolve algum atributo, ou um efeito neurológico específico. O lado sombrio fica por conta dos problemas de saúde que me afetaram desde a juventude, especialmente a distonia, que pode ou não ser um problema genético. A distonia causa, por meio de um comando cerebral desordenado, movimentos involuntários que afetam o seu cotidiano, especialmente se você for um instrumentista. Na verdade a distonia atinge músicos com certa frequência. Talvez seja decorrente do excesso de movimentos repetitivos que fazemos ao estudar. A medicina especializada me ajudou a enfrentar adversidades e cuidar da gestão da minha saúde, tomar cuidados elementares e descobrir formas de aliviar as sequelas desse mal que me acompanhou durante toda a minha vida profissional. Felizmente descobri que aliviava meus males dormindo antes de tocar.

A ciência está fazendo o homem descobrir um imenso campo de conhecimento, mas até hoje não penetrou integralmente nos segredos da distonia do cérebro humano. Nos anos 1950, pré-adolescente, comecei a perceber que algo incomum acontecia comigo, pois conseguia tocar piano, mas tinha dificuldade para manusear cartas num jogo de baralho, por exemplo. Qualquer coisa manual que eu tentasse realizar, com exceção de tocar piano, se tornava complicada. Naquela época, quando você procurava um médico mostrando as suas reações com as mãos, uns falavam da cãibra de escrivão, "*maladie de écrivain*", hoje chamada de LER (lesão por esforço repetitivo), outros falavam para procurar um psicólogo, e eu realmente ficava quase perdido, mas sempre continuando minha missão na música, com a ajuda de Bach.

Quando tive meu primeiro acidente, que região do corpo foi afetada? O nervo ulnar do braço direito, lesão profunda que me tirou a sensibilidade dos dedos médio, anular e mindinho da mão direita. Soluções paliativas, como cirurgias e fisioterapias, contornaram a situação por um tempo, e a força de vontade para fazer música era maior que os problemas físicos. Passei a enfrentar, além da distonia, finalmente a própria LER, pois estudava de forma tão obsessiva que ao final da jornada, além das dificuldades de movimento, aparecia também a dor. Desde os 17 anos sinto dores agudas que surgem inesperadamente. Atletas também passam por isso.

Durante um período o problema cresceu de tal forma que tive que me afastar do piano por um tempo. E quanto mais eu procurava me socializar, mais perto da solidão eu chegava. Na época entendi uma frase de Nelson Rodrigues que dizia: "Chato é o cara que lhe rouba a solidão sem lhe dar companhia." Qual foi o meu refúgio após alguns anos? Isso mesmo, a música. Embora ouvisse dos médicos sempre as mesmas explicações para meus problemas, fundamentadas e totalmente confiáveis, as soluções eram paliativas. Só Deus pode explicar como consegui voltar à velha forma e certamente com mais maturidade. Mas o disciplinado indisciplinado conseguiu atrair de volta a LER pela teimosia. Novo afastamento, novo retorno, novos tratamentos. A realidade é que nos anos 1990 atingi a melhor forma da minha vida e finalizei a gravação das obras de Bach para teclado realizando concertos em vários países e, como sempre, também no Carnegie Hall.

Houve épocas em que eu amarrava um dedo da mão direita à palma da mão para conseguir tocar com mais conforto e menos dor. Ficava com quatro dedos da direita, invertendo as mãos nas passagens mais difíceis para continuar minha luta, gravando e tocando. Deixava o teclado com uma iluminação mais fraca para que não percebessem que eu já havia eliminado o dedo médio nas minhas execuções, e ninguém percebia. Finalmente passei a tocar somente com a esquerda, o que, segundo os médicos, acabou também por afetá-la devido ao uso intensivo. Uma operação de nove horas no cérebro, executada pelo infalível Paulo Niemeyer, me deu uma sobrevida por alguns meses. Foi um milagre.

Sempre fui distraído fora da música, o que me levou a algumas situações engraçadas, ainda que constrangedoras também.

Hoje até trato com humor das minhas mãos, antes elegantes e agora com aparência de mãos de Frankenstein ao piano. Meus problemas nas mãos são alvo de uma investigação minuciosa e de um esforço permanente de mitigação de danos, sob os cuidados do excelente Rames Mattar. Se tenho dois dedos controláveis hoje, devo isso aos médicos notáveis pelas mãos dos quais passei que amenizaram minhas perdas e prolongaram minhas habilidades. Tornei-me refém dos avanços da medicina e, acredite, virei uma espécie de cobaia de mim mesmo. Diante de tantas surpresas, descobri o mundo, o que ele tem de bom e de mau. Mas esta é a moral da história: com dois ou três dedos toco músicas lentas e repito que a pior coisa que aconteceu na minha vida foi perder as mãos para o piano e a melhor coisa que aconteceu na minha vida foi perder as mãos para o piano. Pois tornei-me MAESTRO.

Alguns neurologistas acham que tenho alguma deformação no cérebro que me programa para tocar piano. Mamãe morreu de doença de Alzheimer, aos 92 anos. Meu pai, quando morreu aos 102, ainda tinha uma memória incrível. Geneticamente, o Ives e eu herdamos os problemas físicos da minha mãe, neurológicos e ósseos. Os quatro filhos tiveram receio de ter Alzheimer, mas não há sinais. E não sei por que, de uma forma inconsciente, os quatro continuam trabalhando a memória diuturnamente. Eu vou chegando aos 80 anos e continuo exercitando a memória e também a parte física. Meu pai estreou como escritor aos 84 anos. Aos 100, escreveu seu sexto livro, tendo abandonado a velha máquina de escrever e contratado um jovem para ensiná-lo a mexer no computador. Ele andava 2 quilômetros diariamente, e eu hoje ando com 4 quilos em cada perna. Percorro todo dia 2, 3, 4 quilômetros do piano até a sala de jantar e volto. Estudo só de pé. Alguns regentes costumam ensaiar sentados. Eu nunca sentei num ensaio, talvez pensando na parte física. Me inspiro quando estou em movimento. Lembro sempre o que meu neurologista me disse: que o andar, o pensar e o falar são comandados pela mesma região do cérebro.

P.S.
Lembro uma ocasião em que estava entrando no corredor de um grande hotel em Londres quando vi, na extremidade oposta, duas pessoas, uma delas requebrando ao som de uma música caribenha. Ri muito enquanto caminhava, com óculos grossos, mas com a visão embaçada (após a operação de catarata deixei de usá-los). Ao chegar mais perto, percebi que era alguém com problemas neurológicos fortes, sem coordenação motora.

Imediatamente fiquei sério, constrangidérrimo, e tentei me aproximar dele para conversar. Infelizmente notei que nem ele nem o acompanhante quiseram manter diálogo. Quase morri de vergonha.

No entanto, logo após o almoço me sentei perto da dupla e os convidei para o concerto que iria realizar no dia seguinte. Pedi mil desculpas pelo incidente e realmente não evitei o assunto. Expliquei que apesar da minha profissão eu tinha problemas de distonia que só não se manifestavam enquanto eu dormia e engatamos uma conversa que se transformou em amizade. Ele confirmou a mesma coisa de relaxamento ao dormir. Eles foram ao concerto, se apaixonaram pelo repertório, que passava nesse dia por Schumann e Prokofiev. Fomos jantar e somente aí ele contou a origem de seus problemas neurológicos por causa de um acidente de carro, que ajudaram a piorar dificuldades que enfrentava desde o nascimento.

Contou-me que morava na Suíça, onde trabalhava em pesquisas num grande laboratório farmacêutico. Ficamos cerca de quatro dias juntos, inclusive numa visita ao Museu Britânico. Por que estou contando esse caso? Porque no último dia ele notou que a minha mão — na época, a direita — ia se fechando à medida que eu falava e me disse: "Continue se cuidando, mas deixa a mão se fechar para, daqui em diante, você não precisar mais pagar a conta do jantar." (Dividimos todas.) Ao que eu lhe respondi: "Posso treinar muito, mas jamais vou conseguir dançar 'La cucaracha' como você."

Rimos muito e mantivemos uma amizade que durou mais dois ou três anos. Infelizmente ele veio a falecer, mas talvez tenha sido uma inspiração para mim.

OFÍCIO

Quando um pedreiro está labutando para levantar uma parede, se ele considerar aquilo uma tarefa que deve ser bem realizada, o resultado certamente será positivo. Mas só quando é um pedreiro de verdade. Se ele considerar que é só mais um trabalho, desempenhará a função sem se preocupar com o resultado. Daí, pode apostar, as chances de a parede ficar malfeita são enormes. Se ele considerar aquilo seu ofício, uma demonstração de sua habilidade e competência, se esmerará para realizar algo perfeito antes de entregar sua obra. Essa é a diferença que faço em qualquer profissão, a diferença entre a palavra trabalho e a palavra ofício. O trabalho é quase que só uma obrigação, como algo que se faz repetidamente, por inércia. O ofício envolve dedicação e cuidado. Essa é a razão pela qual sempre me dirijo à minha profissão de músico como meu ofício, para que fique bem claro que a dedicação norteia o meu dia a dia. Quero melhorar permanentemente e entregar o que de melhor posso realizar. O que me interessa é satisfazer o meu público, e me satisfazer também. Me orgulhar do que fiz e faço.

Em qualquer profissão, devemos agir como se fôssemos joalheiros, atentos aos detalhes e em busca do perfeccionismo. Depositar o melhor de nós para termos orgulho de nossa tarefa. Em qualquer profissão, sem que haja atrasos, deve-se procurar lapidar aquilo que está sendo realizado. Em qualquer profissão, devemos nos planejar para cumprir os prazos, mesmo nas artes, onde o subjetivo e a inspiração parecem não ter limites. Em qualquer situação, devemos nos empenhar ao máximo para cumprir de maneira eficiente e satisfatória o nosso ofício, mesmo que não seja aquele que sonhamos ter. Qualquer atividade tem um lado prazeroso e outro bem maçante. Muitas vezes, para fazer o que gosto, me apresentar com a Bachiana Filarmônica Sesi-SP, tenho que viajar. São horas de estrada ou de espera em aeroportos lotados. Nem sempre encontramos os melhores hotéis e as acomodações podem não ser ideais. Há concertos programados para serem realizados ao ar livre e, de repente, vira o tempo, e nos apresentamos com vento, chuva, ou até mesmo sob um sol escaldante. Faço isso por um objetivo maior, o meu ofício.

O que foi exposto só tem um objetivo: exaltar a importância da dedicação ao ofício e a busca do perfeccionismo. Essa atitude é, antes de tudo, um ato de respeito a você e a todos aqueles que o acompanham em sua trajetória. Nem sempre estamos nos nossos melhores dias. Já saí de um concerto e fui direto para o hospital, onde fiquei internado com pneumonia. Não me arrependo, e se for necessário sei que, mesmo sob os protestos da família, farei isso de novo. Trata-se de um compromisso. Com a equipe, com os músicos, com o público, mas em primeiro lugar comigo mesmo. E devemos sentir prazer em executar com perfeição. Quando cumprimos nosso ofício com perfeccionismo e responsabilidade sempre nos orgulhamos do seu resultado. Pode acontecer que, eventualmente, alguma coisa saia errada, é normal que seja assim. Mas somente será normal se for eventualmente. Se acontecer com frequência, tem alguma coisa muito errada. Todo ofício, seja ele qual for, é expressão da individualidade.

Quando inicio o estudo de uma obra, procuro estabelecer o conceito e depois, aos poucos, vou interligando as partes para construir uma interpretação que tenha lógica do começo ao fim. Busco um ponto culminante e, ao mesmo tempo, períodos de reflexão. Pode haver vários pontos culminantes, mas sempre escolho um que chamo de "*golden point* na *golden section*".

A teoria do ponto dourado começou com as pinturas de Leonardo da Vinci, onde uma parte específica da área enquadrada era definida pelo pintor como de destaque. É uma "*golden section*". Dentro dessa seção de ouro havia um ponto para o qual tudo convergia, o "*golden point*". O filósofo alemão Walter Benjamin avança nesse pensamento magistralmente em sua obra literária. Isso se aplica a qualquer uma das artes, já que nada nas artes acontece por acaso. A inspiração se mistura com a lógica, a técnica e a condição física, e nem sempre o artista percebe essa interseção de campos. Esse mesmo conceito pode ser aplicado a qualquer ofício. Realizar o ofício é cumprir missões, e quanto mais difíceis elas forem, melhor para se aprimorar. Volto à minha discussão semântica: ofício é dedicação, empenho, e dá trabalho, mas trabalho sem dedicação, sem empenho, é somente obrigação, ganha-pão. Podem considerar falhos os meus conceitos, mas espero que sejam instigantes para o leitor.

Tanto no caso de um operário como no caso de um gênio como Leonardo da Vinci, devemos nos orientar em busca do perfeccionismo. Se conseguirmos atingir algo maravilhoso, bárbaro! Se não conseguirmos, valeram a trajetória, o empenho e o aprendizado. Ninguém é bom em tudo nem o tempo todo.

Até o começo deste século toquei profissionalmente com as duas mãos, enfrentando muitas dificuldades de movimentos, percebendo que ia perdendo, pouco a pouco, a capacidade de digitação e a destreza necessária para tocar acordes de alta complexidade, mas continuei tocando até o limite. Sou obstinado, ou teimoso, se preferirem. Mesmo diante de novas limitações continuei determinado. Não me importa como, mas quero estar no meio da música. Todas as vezes que me afastei ou fui obrigado a me afastar dela, não fui feliz. Sou um operário da minha arte. Cada um dos obstáculos e acidentes de percurso que enfrentei foi um impulso para me aperfeiçoar.

Tive momentos gratificantes, mas me lembro de um momento recente de plenitude, em 2008, quando ia me apresentar com a Bachiana Filarmônica Sesi-SP no Carnegie Hall, em Nova York. Na primeira parte do programa eu seria o regente e, na segunda, o pianista, executando Mozart com apenas três dedos de uma das mãos e dois da outra. Em uma entrevista que dei antes da apresentação, prometi que se eu me saísse bem no concerto, faria o bis tocando o Hino Nacional brasileiro com todos os ritmos do Brasil. O teatro estava lotado e, ao final, o público foi bárbaro. Então, no bis, cumpri a promessa e fizemos o hino. Quando olhei para a plateia, vi duas bandeiras brasileiras tremulando lá no alto. Acredito que isso nem sequer seja permitido no Carnegie Hall, mas esse foi um dos momentos mais emocionantes da minha vida. Tive muito orgulho de continuar na música e de ser brasileiro. Foi a vitória do meu ofício. Posso contar essa história 10 mil vezes, e em cada uma delas serei tomado pela emoção.

Vou contar uma passagem da minha vida: quando tive a primeira embolia pulmonar na Alemanha e fiquei em coma, foi o Roberto Campos que cuidou de tudo com o hospital, por intermédio da Embaixada do Brasil, e mobilizou pessoas para me ajudar. Ele fez com que o Brasil respeitasse um jovem pianista que tinha tido um problema grave de saúde durante uma turnê e corrido risco de morte. Chamo isso de respeito, às artes e ao cidadão.

Na década de 1960, eu tinha feito um bom patrimônio nos Estados Unidos, que me permitiria viver tranquilo até hoje, sem precisar me preocupar com a parte financeira, embora nunca tivesse pensado em parar de trabalhar. A carreira era suficiente para me garantir o pão, mas eu também me interessava pelo mercado financeiro. Lembro que estava com as finanças absolutamente em dia e com capacidade de investimento. Então um amigo chinês me indicou as ações certas e tive muita sorte na Bolsa de Valores de Nova York.

Naquele tempo eu morava em Nova York, mas quis voltar para o Brasil. O dinheiro que estava lá era como se fosse uma aposentadoria, uma reserva financeira. Naquela época, ninguém no Brasil declarava o que tinha fora. Então, quando eu vim para cá, aquele era o total do patrimônio que eu tinha feito, e por lá ficou. Se eu resolvesse ir morar em alguma cidade pequena americana, eu teria como me sustentar até o fim da vida. Mas quis recomeçar do zero no Brasil. Roberto Campos me convidou para dirigir uma empresa de turismo associada a um banco, para ter uma atividade e não entrar em depressão. Esse emprego me ajudou a manter uma rotina de trabalho, para não ficar em casa trancado, olhando para as paredes, já que havia desistido do piano naquele momento.

Depois, quando me afastei pela segunda vez do meu velho companheiro, o piano, fiz maus negócios. Aí cheguei à conclusão de que não nasci para ser empresário. Se tivesse ficado quietinho desde os anos 1970, trabalhando só com música, estaria numa situação privilegiada. Mas me dei mal quando saí do campo da música e da cultura. É onde sei produzir bem. E, como se sabe, aqui no Brasil a atividade artística raramente faz um homem ficar rico. Hoje sou uma pessoa que terá que trabalhar, como a Fernanda Montenegro falou, até o último dia da sua vida. Mas faço com prazer e sou feliz assim. Porque, hoje, acumular dinheiro é uma coisa que não faz mais parte do meu perfil. Quero simplesmente ter uma vida confortável, sem luxo. Janto fora, em restaurante, no máximo uma vez por semana com a Carmen. Às vezes fazemos isso só de quinze em quinze dias. Não troco nada pela comida caseira e pelo sossego de casa. Quando não estou viajando, tenho uma vida quase reclusa, saio para concertos e ensaios. Terei que trabalhar até morrer. Acho um privilégio.

O momento sagrado do meu ofício é o concerto. Os ensaios, porém, são um momento fundamental da minha atividade. Hoje não faço mais recitais, em que se toca sozinho, mas faço muitos concertos. O concerto envolve pura tensão – coragem e medo. E também esperança e fé. Coragem de tocar algo de extrema dificuldade e medo de falhar. Esperança de que tudo dê certo e fé em que dará. No recital a responsabilidade é só sua. Mas no concerto há uma orquestra ao seu lado, o casamento deve ser perfeito, a perfeição deve ser uma busca coletiva para que se consiga o efeito de grandiosidade que o conjunto musical impõe, e isso se consegue ensaiando muito.

Conforme já disse, minha vida nos Estados Unidos sempre foi muito estimulante, desde quando lá cheguei pela primeira vez. Meu empresário, Jay Hoffman, conseguiu me colocar tocando com as principais orquestras do país de imediato, e ficava cada vez mais entusiasmado com os resultados que eu obtinha. Ele criou excelentes condições para eu exercer minha arte, sem qualquer estresse adicional ou dor de cabeça. Era um criador de facilidades. Fazia as coisas sempre de forma inteligente. Mandava os melhores pianos para que eu estudasse em casa com todo o conforto. Como o Barcelona tratou do Messi nos anos 1980, ele tratou de mim nos 1960. O Jay praticamente me adotou.

Atualmente, como maestro, sinto a mesma motivação profissional que tinha como pianista. Acredito que a vida realmente começa aos 60. Em 2004, aos 64 anos, falei para o Gilberto Dimenstein que não podia mais tocar piano e não sabia o que fazer na vida. "Mas como vou fazer uma orquestra sem governo, sem nada?", perguntei. E ele disse: "Isso é delírio, impossível, nunca no Brasil alguém conseguiu fazer uma orquestra sem que seja com o governo." Até então, nunca ninguém havia conseguido fazer uma orquestra com a iniciativa privada com a força que tem a Bachiana. Coloquei 18 músicos na sala e comecei a ensaiar. Escolhi 11 grandes profissionais, gente experiente e muito competente, junto a seus jovens alunos de primeira linha. Comecei a erguer a nova orquestra, que é uma mistura de profissionais mais tarimbados com jovens promissores. E deu tudo certo, graças ao apoio do Paulo Skaf, que acreditou no meu projeto e adotou a Bachiana através do Sesi de São Paulo. Encontrei um novo ofício em um grande projeto para a segunda fase da minha existência – uma nova paixão.

Na minha infância, eu achava engraçado quando meu pai, de dois em dois anos, inventava uma pequena reforma em algum canto da casa ou do jardim e pintava inteiramente o nosso lar. O pintor, com dois ajudantes, era um ciclista espanhol, que eu chamava de Bahamontes – rei das montanhas no Tour de France, sem nunca ter vencido a prova. Desde criança me interessei por todos os esportes e lia a *Gazeta Esportiva* de cabo a rabo. No Tour eu torcia para um francês chamado Louison Bobet. Nos intervalos de meus estudos eu ficava olhando nosso Bahamontes pintando os mínimos detalhes de uma janela, por exemplo. Mas um dia, perto da calha, no alto da casa que ele já havia pintado, notava que volta e meia ele olhava para cima, e alguma coisa o incomodava. Após cerca de 15 dias entregou a casa pronta. Voltou sozinho e carregou a escada, subindo com a tinta, o pincel e a lixa. Ficou por cerca de duas horas aperfeiçoando aquele detalhe. Realmente uma ondulação quase imperceptível desapareceu. Essa foi uma das razões que me fizeram entender a diferença entre ofício e trabalho.

No primeiro caso o perfeccionismo e a precisão norteiam a atividade de qualquer pessoa em qualquer segmento do mercado. No segundo, o sentimento é de somente cumprir uma obrigação e leva aquela pessoa a um lugar-comum.

P.S.
Com 13 ou 14 anos, eu e meu irmão pegamos
a escada de Bahamontes à noite e nela subimos
para ver, por uma fresta, a nossa governanta
tomar banho. Caímos, não sei se pela visão ou
por não entendermos do ofício de um pintor.
Coisas da vida de adolescentes curiosos...

PAIXÃO

É difícil dizer onde termina a paixão e começa o amor. Talvez a paixão envolva uma pequena loucura, um desajuste quase irracional. São sentimentos parecidos, mas o amor é plácido e persistente, enquanto a paixão irrompe, vulcânica, incontrolável. Muitos dizem que o verdadeiro amor está acima da paixão. Concordo. Mas também acredito que a paixão está na gênese de tudo que amamos. É o sentimento de disparo. Nos apaixonamos e depois amamos. Em alguns casos, a paixão acaba, tem um prazo de duração. Em outros ela evolui para uma condição sublime. Tenho a humildade de admitir que muitas vezes não entendi a diferença entre os dois sentimentos. Na minha experiência eles muitas vezes se misturaram.

Veja, por exemplo, a minha paixão pela Portuguesa de Desportos; é uma paixão quase amor. É uma pequena loucura. Até bem pouco tempo, se não houvesse um concerto em dia de jogo, lá estava eu, no Canindé. Tenho um sentimento de união com o time que remonta aos 6 anos de idade. Embora fosse português, meu pai era são-paulino, e não foi por causa dele que essa paixão pela Portuguesa aflorou. Os dois irmãos mais velhos são são-paulinos e os menores são da Lusa. O principal passatempo que eu tinha com meu irmão José Eduardo era jogar futebol e assistir aos treinos da Portuguesa no Parque Ibirapuera. Na época ainda não havia o Canindé e era no parque que a equipe profissional treinava. Ficava bem perto de casa, cinco minutos a pé, e, naquela época, uma criança podia andar sozinha na rua, não havia os perigos de hoje em dia.

O local do treino era um campo de terra com duas traves e sem rede. Como os acidentes são frequentes na minha história, esse caso não foge à regra. Assistia a um treino coletivo quando o juiz marcou um pênalti. O centroavante Nininho cobrou e o goleiro Caxambu não segurou. Eu estava atrás do gol e a bola pegou em cheio no meu rosto. Eu dei voltas no ar, caí no chão me contorcendo e desmaiei. Os jogadores da Lusa achavam que eu tinha morrido. Todos vieram correndo, me carregaram e me reanimaram. Quando abri os olhos vi todos eles em volta de mim, preocupados comigo, senti que estavam querendo me proteger. Por causa da experiência terrível e do carinho dos jogadores acabei me apaixonando pelo time e virei torcedor fanático da Lusa.

No verão de 1965, então com 25 anos, eu estava em Nova York quando deparei com a equipe da Portuguesa treinando no Central Park. Fiquei empolgado e me aproximei. Costumava jogar futebol com outros brasileiros no parque. Fui convidado pelo técnico Aimoré Moreira para participar do bate-bola e, num lance bobo, acabei caindo no campo sobre o braço direito. Uma pequena pedra perfurou meu braço e se alojou perto do cotovelo. A queda acabou afetando as ligações dos dedos, o chamado nervo ulnar. Comecei a perder, aos poucos, os movimentos da mão direita.

Isso me levou à primeira cirurgia no braço, uma transposição do nervo ulnar que foi realizada no hospital da New York

University School of Medicine pela equipe do doutor Joseph Ransohoff, grande neurocirurgião da época. Os resultados foram paliativos. Tive atrofia em três dedos da mão por conta da lesão no nervo, o que fez com que eu suspendesse as atividades musicais por quase um ano. Precisei de inúmeras e exaustivas sessões de fisioterapia para me recuperar.

Voltando à Lusa, meu time teve muitas glórias, mas a mais marcante foi a goleada por 7 a 3 contra o Corinthians, em 1951. Era domingo e eu estava no campo. O Corinthians, que só tinha perdido uma partida no campeonato até então, contava com Carbone e Baltazar e era o grande favorito. Ficaria com o título naquele ano. Lembro que chovia muito e o ataque da Portuguesa, com Pinga e Julinho no comando, infernizava a defesa alvinegra. Julinho driblava todo mundo. Fez quatro dos sete gols da Portuguesa. Sobrou para o goleiro Gilmar, muito criticado e afastado da equipe naquele ano. A torcida achou que ele tinha tomado um ou dois frangos. Lembro-me dele deixando o campo cabisbaixo e desolado. Mais tarde nos tornamos amigos e ele me disse que se sentiu injustiçado naquela partida. Algumas pessoas chegaram a insinuar que ele havia entregado o jogo, algo que jamais faria. Seja como for, tudo se normalizou, ele voltou ao time e marcou a história do Corinthians.

Portuguesa x Corinthians era um grande clássico naquela época. Depois desse jogo nem dormi. Não acreditava: 7 a 3 no Coringão! A melhor definição de felicidade. Sou supersticioso e, quando se trata da Portuguesa, tenho várias manias. Me sento sempre no mesmo lugar do estádio do Canindé, no meio da arquibancada, do lado direito, para afastar a uruca. Se a Lusa perde, eu me proíbo de usar a camisa que estava usando naquele jogo para sempre. Em compensação, tenho uma que me deu muita sorte. Foi usada na ocasião do acesso da Portuguesa à primeira divisão do Campeonato Brasileiro, em 2007. Além de assistir à partida, regi o Hino Nacional antes do jogo contra o Criciúma e me emocionei ao ouvir 15 mil torcedores gritando: "Um, dois, três, o maestro é português!" É verdade. Sou descendente de portugueses.

Jamais deixei de acompanhar a Portuguesa; sempre ia ao estádio. Naquele tempo não existia internet e, se estivesse no exterior, para saber alguma coisa precisava ir a uma loja da Varig para ler os jornais brasileiros, principalmente para saber do time. Fazia isso em Nova York, a cada três dias, para me manter informado sobre futebol, outra paixão. Às vezes recebia um telegrama do meu pai para dizer que a Portuguesa tinha vencido. Se estivesse em Paris, fazia a mesma coisa e dava uma escapadinha para ler o jornal na loja da Varig. Cheguei a acompanhar um jogo de futebol inteiro pelo telefone, na decisão do Brasileirão de 1996, quando a Portuguesa enfrentou o Grêmio. Foi a ligação mais cara da minha vida e, no final, queria morrer por causa da perda do título.

A Portuguesa acabou rebaixada para a segunda divisão, em 2013, depois de ser punida com a perda de pontos por causa da escalação irregular do meia Héverton num jogo contra o Grêmio. Hoje lamento pela situação do meu time, que perdeu completamente o prumo. Isso, porém, não arrefeceu minha paixão. Me sinto traído, mas não vou trair a Lusa. Fui eleito torcedor-símbolo do time pela torcida e recebi uma placa de homenagem. Me apresentei algumas vezes no clube, para variar, gratuitamente. Durante a campanha que culminou com o rebaixamento vergonhoso, no tapetão, dei várias palestras motivacionais para incentivar os atletas. Quando conversei com os jogadores pela primeira vez eles ganharam de 4 a 0 do Coringão. No último jogo contra o Grêmio, com a Portuguesa já classificada, eu estava dando um concerto em Nova York, após o qual me mostraram uma foto na internet com os jogadores no meio do campo segurando uma faixa com os dizeres: "Maestro, a sua história foi a nossa inspiração".

O problema não é exatamente ser rebaixado, mas a forma como aconteceu; foi de uma maneira irresponsável. O time já não brilha. Sua base já não gera grandes jogadores. Desde 2011, quando levou a segunda divisão do Campeonato Brasileiro, entrou em declínio. Em 2018 não se classificou para nenhuma divisão. É o pior momento da sua história, que completará cem anos em 2020. Queria dizer que se a Portuguesa estiver na várzea, vou à grade gritar do mesmo jeito. Seja como for, a paixão pelo meu time envolve ser fiel a ele nos bons e nos maus momentos. Meu amor pela Portuguesa é uma coisa que não se pode explicar. Tenho orgulho daquele escudo com a cruz verde estampada num manto vermelho.

Se a paixão pela Portuguesa é só minha, não foi influenciada por meus pais, a que sinto pela música é uma herança de família. Havia um ambiente musical muito intenso na minha casa. Meu forte sentimento pela música se manifestou desde a mais tenra infância. E só aumentou com o passar dos anos. Fui feliz nos momentos em que estive ao piano e, graças a Deus, continuo entusiasmado na regência. Sou profundamente apaixonado pelo ambiente musical e dependo do palco. No entanto, quando por duas vezes tive que me afastar dele, não consigo explicar por que, uma espécie de revanchismo se apoderou de mim contra minha razão de viver. Acho que foi uma típica reação apaixonada. Já que não posso ter, fico com raiva e trato de esquecer. Normal, assim como todo mundo. Quando a gente não tem o objeto amado, queremos renegá-lo. Talvez seja uma maneira de suportar o afastamento, superar a rejeição. Com a música, eu precisava tirá-la completamente da minha vida. Não queria nada que me fizesse lembrar dela. Nem sequer a ouvia. Tratava de colocar a cabeça em novos afazeres. Chegava a esquecer completamente que era músico, o que, no meu caso, é uma espécie de negação da identidade.

Na relação entre dois seres humanos isso também acontece, um impulso de negação de um grande amor que não é correspondido ou que não deu certo. E as questões do coração são ainda mais complicadas do que na música. Já me apaixonei e já sofri por amor. Sei, inclusive, que o amor físico entre duas pessoas pode tomar caminhos inesperados e uma relação mal resolvida pode derivar para sentimentos como rejeição. Para ser sincero, nessas situações negativas é bom mudar o foco e guardar somente os momentos positivos dessas relações. Quando faz isso, você percebe que valeu a pena. Toda história produz algum ensinamento. Raramente uma paixão traz paz e felicidade. Quem proporciona esse bem-estar é o amor. O importante na vida é tentar encontrar um ponto de equilíbrio entre a paixão efêmera e o amor duradouro. A relação deve ser intensa sem ser irracional. O sentimento amoroso deve ser emocionado e buscar a harmonia. Quando jovem, eu achava mais fácil dizer "estou apaixonado" do que "te amo".

Faz parte deste livro pensar livremente. Ele próprio é um livro de um homem apaixonado, intenso, mas que também sabe amar. Que falou da Portuguesa, mas poderia falar de inúmeros outros assuntos. Paixão é uma espécie de encantamento, uma forma de desejo incontrolável. Nós nos encantamos com um belo pôr do sol, um deslumbrante crepúsculo, uma lua cheia ao fundo do horizonte, o mar, a neve, um lago, um bosque, uma floresta. Quando nos apaixonamos ficamos menos racionais. Temos necessidade do objeto de nossa paixão. Vale a pena viver uma vida apaixonada, mas ela não alcançará a plenitude do amor verdadeiro. Claro que isso depende do temperamento e muitas pessoas precisam de comedimento. O certo é que quem nunca se apaixonou talvez tenha perdido uma parte importante da vida. E quem conseguiu definir com clareza a diferença entre paixão e amor é um ser privilegiado.

Quando você se apaixona por uma artista de cinema, como eu me apaixonei na infância por Tônia Carrero, no seu íntimo está claro que se trata de um amor impossível. Mesmo assim, muitas pessoas alimentam esse sentimento e demoram para encarar a realidade. Existe uma grande dose de fantasia na paixão. Falo também de quem se apaixona por atrizes de TV ou por artistas da música popular. Mas muita gente vive assim, busca nas celebridades o alimento para a alma. Não critico esse fenômeno, que surgiu com o nascimento dos meios de comunicação de massa. Acho que é uma característica do mundo contemporâneo e respeito. Faço até uma analogia com a minha conversa sobre futebol. Futebol é uma enorme fantasia e, ao mesmo tempo, é algo muito sério. É como meu amor por Tônia na infância. Grande parte das nossas paixões se desenvolvem no imaginário. Claro que o bom é o concreto, o real. Mas ninguém vive só disso. O que é uma vida sem sonhos?

Quando você gosta realmente de uma música você jamais se cansa de ouvi-la. Você pode parar por um tempo, mas ela vai voltar à sua mente. O excesso pode cansá-lo por um período, mas a vontade de ouvi-la ou de tocá-la vai aparecer outras tantas vezes na sua vida. Algumas músicas nos pertencem – não só a mim porque sou músico, mas a qualquer pessoa. Todo mundo tem uma história musical, um repertório que se constitui numa espécie de trilha sonora pessoal e que costuma ser uma fonte de emoções ao despertar a lembrança de amores e paixões. Em alguns, essa trilha pode ser de música clássica ou de música popular. Ou de ambas. A música é muito acessível, talvez a mais acessível das artes. E também a mais popular. Você pode ouvi-la indefinidamente e repetir sempre a mesma emoção. Por exemplo, ao ouvir o hino de sua nação, dependendo da ocasião, você poderá chegar às lágrimas. Na música, dependendo da interpretação de uma sinfonia ou da ária de uma ópera, lágrimas poderão rolar. É claro que, como músico, como se diz num jargão popular, "puxo a brasa para a minha sardinha", mas na comparação com outras formas de manifestação artística, a música tende a ser a mais emocionante.

P.S.
Poucas paixões são mais intensas do que a paixão pelo futebol. No começo dos anos 1970, a Portuguesa precisava ganhar por uma diferença de três gols do Guarany para vencer a Copa Paulista. Logo no início do jogo, um atacante do Guarany fez um gol completamente impedido e validado pelo bandeirinha, que era afrodescendente. O jogo era no Parque Antártica, e havia um torcedor da Portuguesa sentado do meu lado logo na primeira fileira que, cada vez que o bandeirinha passava, o

xingava com os maiores impropérios. Eu ficava indignado com as palavras desse torcedor. Acontece que a Lusa fez três gols, mas ainda faltava um. No final do segundo tempo, a Lusa fez o quarto com três jogadores impedidos. Ocorre que o nosso bandeirinha também validou esse gol irregular. Imediatamente o torcedor, para quem olhei naquele momento, colocou a mão no rosto, muito sem graça. Dessa vez, quando o bandeirinha passou, ele gritou: "Eita, moreninho gente boa!" O bandeirinha não pensou duas vezes. Olhou para trás com aquele olhar de quem diz: "Eu te pego na saída!"

QUERER

Para falar sobre o querer começo tratando de um momento de reconversão na minha vida, aos 30 anos. Contei bastante sobre quando parei de tocar, mas pouco explorei o meu recomeço. Era um rapaz famoso e frustrado pela minha incapacidade física. Tinha decidido partir para outra atividade. Achei que minha carreira de pianista havia terminado. Em certo momento, pensei até em me matar com uma gilete na banheira de meu apartamento em Nova York. Entrei em depressão. Extremamente rigoroso comigo mesmo, havia desistido de enfrentar meus limites. Me sentia acovardado. Meus problemas de saúde pareciam grandes demais para eu suportar. Na empresa de turismo que citei anteriormente acabei me associando ao empresário Marcos Lázaro. Além de promover shows de brasileiros, comecei a trazer artistas internacionais, como James Brown, Alice Cooper e The Supremes. Como já disse, também patrocinei a volta de Eder Jofre aos ringues. Foi quando, seguindo seu exemplo vitorioso, decidi voltar ao piano.

A verdade é que estava sentindo imensa falta da arte e lutando contra minha natureza. Aqueles anos me ensinaram muito, me fizeram olhar, pela primeira vez, meu trabalho de outro ângulo. Antes sentava e tocava meu piano, tudo era preparado para que eu executasse uma peça da melhor forma possível, não tinha que me preocupar com o funcionamento do teatro, com passagens ou hospedagem. Fazia a minha parte, que era tocar piano. Como executivo, precisava pensar em tudo, organizar as contas, fazer a gestão de pessoas, entender do desenvolvimento do negócio. Mas o fato é que não conseguia abandonar a mais fundamental das minhas paixões. Quando faço uma retrospectiva, se há uma coisa que realmente quis muito foi voltar a tocar piano. Sempre o meu maior querer, até hoje. Na minha trajetória pessoal, o que ficou do balanço desses sete anos como empresário foi o despertar da vontade de voltar a fazer o que sempre fiz. Por mais que fosse interessado pelo mundo dos negócios, ele não me apaixonava. Foi uma etapa importante, mas passageira. Comecei a ter a sensação de que estava desperdiçando minha vida. Tive um longo tempo para recuperar minhas mãos. Me sentia capacitado mental e emocionalmente para retomar meus estudos e voltar para o meu velho companheiro.

Num primeiro momento, decidi comprar um teclado mudo que fazia um barulhão incrível, parecia que você estava o tempo todo batendo na máquina de escrever. Passei a ficar a madrugada inteira no teclado mudo, tacatacatacataca. Os vizinhos de cima e de baixo ouviam aquilo lá, parecia mesmo uma máquina de escrever antiga. Até que o zelador do prédio, um apartamento na alameda Lorena, chegou para mim e disse: "Olha, os vizinhos estão reclamando que o senhor está incomodando, e a síndica do prédio pediu para o senhor não ficar a madrugada inteira batendo na máquina." Eu fui novamente à loja onde havia comprado o teclado mudo e comprei um piano. Comecei a estudar meio baixinho. Fazia muita fisioterapia. Quando fui comprar o piano o vendedor me disse: "Bem, é melhor mesmo você comprar um piano, porque se os vizinhos reclamarem, dessa vez eles terão razão." Comecei a estudar com o pedal abafador, depois, quando achei que estava em forma, comecei a me soltar. Três meses depois de começar a estudar, estava tocando melhor do que antes.

Certo dia, o zelador bateu novamente na porta e eu perguntei: "Ô, Abelardo, estou importunando de novo?" Ele respondeu: "Não, os vizinhos pediram para o senhor abrir a janela, porque eles não estão ouvindo direito." Claro que abri a janela. Fiquei tocando por um tempo e, de repente, resolvi telefonar para o meu empresário e falei: "Eu vou voltar a tocar piano. Vamos fazer a minha volta no mesmo Carnegie Hall, onde estreei e toquei tantas vezes." Jay respondeu: "De jeito nenhum. São 2.800 lugares, e o público já se esqueceu de você." Retruquei com segurança: "Marca." E ele marcou.

No dia do concerto estavam no local diversas estações de televisão. Havia 2.800 pessoas na plateia e tiveram que colocar 300 cadeiras extras no palco. Antes da apresentação, para relaxar a mão afetada pela distonia, fiquei deitado no chão no camarim durante quase duas horas e, por incrível que pareça, dormi.

No comecinho da minha carreira no final dos anos 1950, como já citei anteriormente, o Itamaraty se recusou a patrocinar minha ida para o Festival Pablo Casals. Eu tinha 18 anos e fiquei muito triste, mas, não sei por que, não perdi a esperança de ir. Eu pensava: *Eu quero e eu vou*. Tinha certeza de que algo ia acontecer. E não é que aconteceu? O governo argentino me enviou um convite se dispondo a arcar com os custos da minha viagem. O que ninguém sabe é que, como um dos candidatos seria escolhido para o recital-prêmio em Washington, fiquei, durante várias madrugadas, estudando horas e horas num salão afastado do hotel onde o som não vazava. O meu querer venceu. Quis tanto que aconteceu.

Quando fui realizar a apresentação de gala do festival fiz questão de ter as duas bandeiras ao meu lado, a do Brasil, pelo orgulho de ser brasileiro, apesar da negativa do Ministério das Relações Exteriores, e a da Argentina, pois conheço a palavra gratidão. No fundo, eu queria unir as duas pátrias através da música, pois já naquela época era dificílimo fazer isso por meio do futebol.

Dou outro exemplo de querer: certa vez me chamaram para tocar um concerto no Hollywood Bowl com a Orquestra Filarmônica de Los Angeles. Eu tinha 21 anos e a peça era de um dos maiores compositores americanos, Aaron Copland. Tinha que aprender, em uma semana, uma peça dificílima que não conhecia, e me lembrei da frase que meu pai sempre repetia: "O impossível só existe no dicionário dos tolos." Parece-me que essa frase era de Napoleão, mas não tenho certeza. Em uma semana aprendi o concerto e, sob a regência do próprio compositor, toquei a obra de memória.

Quando quiser realizar algo, diga a si mesmo: "Eu quero!" Repita dezenas de vezes e vá à luta. Já é meio caminho andado. A conhecida frase popular "Querer é poder" tem lá seu fundamento. Mas apenas querer, às vezes, pode não ser o suficiente. Na minha juventude tive a oportunidade de conhecer um jovem violinista cujo pai se parecia muito com o meu, incentivando vivamente a sua carreira. No entanto, o rapaz não decolava conforme os desejos da família. O querer do pai se tornou obsessão, comprando instrumento caríssimo, enviando o filho para estudar no exterior. Numa das minhas viagens encontrei o nosso violinista num restaurante e ele me deu uma missão: explicar ao pai dele que aquele não era o seu desejo, pois os progressos obtidos eram pequenos em relação à ambição do pai e da família.

Eu tinha 21 anos nessa época e já estava em plena carreira internacional. Voltando ao Brasil para realizar alguns concertos, encontrei a família do meu amigo. Foi muito difícil iniciar a conversa, pois eu pessoalmente não via nada mais que um talento mediano no jovem músico. Não sou filósofo, psicólogo ou conselheiro. Não tenho talento para isso. Mas nesse dia resolvi que iria tentar ajudar o amigo. Comecei falando do Pelé, que havia conquistado a Copa do Mundo e partia para o segundo campeonato mundial, e ao mesmo tempo citei um número, sem muita certeza, de milhares de jovens que gostariam de realizar as façanhas do "rei" no Brasil, e por aí fui até chegar ao nosso violinista.

Finalmente disse ter encontrado o filho não com amor à música, mas sim com rejeição pela obrigação de realizar os desejos do pai. Consegui que o pai escrevesse uma carta ao filho pela primeira vez, perguntando se era aquilo mesmo que ele queria. Naquela época a melhor forma de se comunicar era pelo correio (hoje temos o e-mail). O jovem se abriu na resposta. Um mês depois eu estava com os pais esperando seu retorno ao Brasil, onde, após estudar e se formar em economia, nosso ex-violinista acabou se tornando um ótimo e bem-sucedido empresário.

O querer tem que ser algo profundo, não um capricho. Essa foi a minha conclusão, fruto da experiência vivida. Naquele mês pensei que se alguma coisa acontecesse com as minhas mãos, eu talvez tentasse ser psicólogo. O melhor é que tudo aconteceu com as minhas mãos e a música continuou sendo a minha salvação, não a psicologia. Seria um intruso num campo que não é a minha praia, não por não gostar, mas por falta de talento mesmo.

Tenho outra historinha sobre o querer. Quando eu tinha 7 ou 8 anos meu pai levou minha mãe e os quatro filhos para visitar o Rio de Janeiro, onde tinha sido inaugurado um hotel chamado Novo Mundo, na praia do Flamengo. O hotel ficava em frente ao mar. Fomos para lá. Uma delícia! Ele queria mostrar o Rio de Janeiro, que já conhecia, pois tinha morado lá por cinco anos. Papai queria que a gente conhecesse tudo. Quando chegamos de avião, aquele avião antigo que fazia a viagem em duas horas, enquanto o piloto fazia a volta para pegar a pista no aeroporto, eu não acreditei na beleza que era o Cristo Redentor abraçando a baía de Guanabara, decorada por um belíssimo mar azul. Fiquei olhando da janela aquela imagem, que foi definitivamente marcada na minha mente. A partir dali, cada vez que eu via uma foto do Cristo achava o máximo, ficava fascinado. É claro que meu pai levou a gente para conhecer o Corcovado, o Pão de Açúcar, as praias da Zona Sul e tudo o que havia de bonito.

Aos 19 anos, aquela imagem tinha se convertido numa paixão. A alegria que experimentei quando vi o Cristo incluído entre as sete maravilhas do mundo contemporâneo foi indescritível. Para mim sempre foi uma volta aos 7 anos de idade. Daí o que aconteceu? De repente eu imaginei que queria dar um concerto no Cristo Redentor. Nunca me esforcei para que isso se tornasse realidade. Eu sabia que era muito difícil. Não é que há três anos uma empresa me convidou para reger *Jesus, alegria dos homens* debaixo da imagem do Cristo? Aquilo que sempre quis foi realizado pelo maestro e não pelo pianista. O importante é que meu querer ficou latente. Aquela vontade da juventude, que se misturava ao encantamento da infância, virou realidade. Uma paixão da minha vida estava ligada à imagem de um avião passando perto do Cristo Redentor. Fiz um concerto no monumento e, quando parei de reger, muita gente se aproximou do velho maestro emocionado.

Acredito na força do querer. No Carnaval, quando vi a Mangueira prestar homenagem a Tom Jobim, pensei: por que um músico clássico não pode ser o homenageado de uma escola de samba um dia? Querer é uma espécie de ímã. E não é que fui tema de escola de samba? E mais que isso, da escola campeã! Atribuo isso ao querer, à vontade de que a coisa aconteça. E esse ímã funciona como uma espécie de aspirador mental. Quando mentalizo uma coisa, pode ser que demore 10, 20 anos, mas uma hora acontece. Tudo aquilo que sonhei acabou acontecendo. Os sonhos devem ser do nosso tamanho e eles nos definem intimamente. Assim como quis voltar ao piano, quis ser maestro. Quis muito as duas coisas. É muito raro começar uma carreira aos 64 anos. Claro que o querer por si só não basta, mas ajuda muito a alcançar nossos objetivos. É importante conseguir o que se quer, mas sem uma energia fundamental, um impulso primitivo, não se chega a esse ponto.

O melhor sinônimo para querer é vontade, vontade de alcançar algo. Querer de verdade implica tudo aquilo que abordamos nos capítulos anteriores: disciplina, esperança, inspiração, paixão. Hoje o que eu quero, mais do que tudo, é deixar um legado na música. Tenho me empenhado bastante para isso e, quem sabe, poder contribuir com a música no meu país. Gosto da famosa frase de John Kennedy: "Não pergunte o que o seu país pode fazer por você, mas sim o que você pode fazer pelo seu país."

Querer faz parte da minha vida desde criança, primeiro por influência paterna e depois por vontade própria. Às vezes penso, após todos esses anos, no poder do querer. Quando se persegue um objetivo no dia a dia, ele acaba sendo alcançado. Costumo dizer: "Nunca deixe de correr atrás de seus sonhos. Quando você menos esperar, eles estarão correndo atrás de você." Querer e sonhar se entrelaçam. Lembro-me de como na infância os meus sonhos foram se tornando realidade porque eu queria que se realizassem e, um a um, antes de dormir, atravessavam minha mente e me vinha uma vontade de querer realizar alguma façanha no dia seguinte.

Para fechar este capítulo, vou falar de minhas apresentações durante os Jogos Parapan-Americanos de 2007 e as Paralimpíadas de 2016. Tenho muito orgulho dessas apresentações. Acredito que atletas paralímpicos são ótimos exemplos de pessoas que querem uma coisa aparentemente impossível e conseguem. É gente que supera seus limites. Nas duas competições toquei o Hino Nacional. Mais frescas na minha memória estão as Paralimpíadas, disputadas por 4 mil paratletas. Lembro-me da minha emoção diante do imenso público no Maracanã. Executei o hino enquanto a bandeira era hasteada. Quem a trouxe até o palco foi Roseane Miccolis, filha do pioneiro do esporte paralímpico brasileiro, Aldo Miccolis, que chamou atenção para os direitos à cidadania das pessoas deficientes nas décadas de 1950 e 1960. Foi uma experiência simplesmente incrível.

P.S.

Numa mesa-redonda com os atletas
paralímpicos, contei minha história com um
pai de santo, depois que fiquei com a mão
direita inutilizada, quando tive que procurar

médicos, inclusive durante as turnês que eu fazia tocando com a mão esquerda pelo mundo. Também procurei a igreja e, em todo lugar, buscava algo que pudesse trazer de volta os movimentos da mão direita. Finalmente acabei num pai de santo, que, após meia hora de passes, me prometeu que em um ano as duas mãos estariam iguais. O pai de santo acertou. Um ano depois, a mão esquerda também começou a fechar. Nesse momento todos perceberam que eu tratava minha deficiência com humor, e começaram a contar suas próprias histórias. Dentre elas me lembro de um atleta cego que nos contou que após alguns anos encontrou um velho amigo que lhe disse: "Há quanto tempo não o vejo!" Ao que ele respondeu: "Imagine eu!"

RAZÃO

A arte tem conflitos com a razão. Digo isso porque o artista de verdade faz o que faz impulsivamente, não pensa muito na sua criação. Ou pensa tanto e tão rápido que sua mente nem consegue processar o pensamento. Há inúmeras situações em que a arte desafiou e desafia a razão. Uma delas aconteceu em 29 de março de 1913, quando *A sagração da primavera*, de Igor Stravinsky, estreou no recém-inaugurado teatro dos Champs-Élysées, em Paris, encenada pelo Ballets Russes. O compositor havia trabalhado muitos anos na obra, que emanava brutalidade, transmitia a força da natureza. Havia um público que não estava preparado para o choque que se seguiu. O coreógrafo e bailarino Nijinski se contorcendo e tremendo no palco deixou todos desconcertados, no que foi considerado o primeiro grande contraponto ao balé moderno.

Trago o testemunho do maestro que regia a peça, Pierre Monteux: "O auditório ficou em silêncio durante dois minutos, depois, de repente, vaias e assobios vieram das galerias. A plateia começou a seguir em direção ao palco."

A imensa maioria dos que assistiam ao espetáculo estava com o espírito armado de racionalidade, impregnado de um conceito preconcebido do que seria bom gosto e não estava preparada para ser confrontada com tamanha ousadia. Pode-se dizer que foi um dos maiores escândalos da história da arte. E um lapso na racionalidade ocidental. E o lindo espetáculo foi absorvido como provocação. Ninguém queria acreditar no que estava vendo. Só assim se explicam as vaias injustas que a primeira montagem de *A sagração da primavera* sofreu. Em alguns momentos a emoção agride a racionalidade, transgride a norma, ultrapassa limites. São momentos emblemáticos em que a razão é desafiada. Tudo naquele dia no Champs-Élysées conspirava contra os cânones do concerto e da dança, da ópera e do teatro.

Razão é uma palavra que entrou na minha vida com um relativo atraso. Por que digo isso? Única e exclusivamente pelo fato de ter sido movido durante toda a minha existência pela emoção e pelo impulso. Pense num menino de 13 anos iniciando uma carreira com um único objetivo – atingir o ápice de suas possibilidades.

Claro que a racionalidade teve influência na minha relação com a música e as artes em geral, mas o impulso da minha vida pessoal sempre esteve acima da razão. Não sou filósofo. Claro que penso muito no conteúdo da música, mas sou mais de fazer, realizar. E é isso que me emociona. A emoção é algo que nasce com você. Se quando criança, ao ver um filme ou ter conhecimento de um fato dramático, você chega às lágrimas, então pode ser considerado uma pessoa emotiva. No meu caso, eu tenho uma ferramenta – o piano e a regência –, e o que me move é o desejo de transmitir emoções e deixar as pessoas satisfeitas, dizendo "Tá aí, vivi uma experiência!", ou "Que bacana!". A racionalidade pura não é o meu forte. Embora músico, não posso dizer que tenha sido um excelente aluno nas ciências exatas. Consegui um pouco de ordem na minha mente conforme fui envelhecendo e a regência tem me ajudado com isso. A música sempre eclodiu sumariamente na minha alma. Evidente que faz parte a mediação da razão. Os processos de criação e interpretação musical, assim como os efeitos da música, vão muito além da lógica, embora utilizem mecanismos lógicos.

O impulsivo pensa muito no presente. Por vezes ignora o futuro, não pensa nas consequências de seus atos, pois sempre acha que tudo vai dar certo. Digo isso porque vivi essas experiências, pois sempre colocava a emoção em primeiro lugar.

A razão freia nossos impulsos, é importante para nos dar limites, não deixar que nossos sentimentos transbordem, principalmente os negativos. Ninguém é só razão ou só emoção. Somos uma mistura das duas. A diferença é que pessoas de caráter mais emotivo podem ter mais impulsos, positivos ou negativos. E isso não é necessariamente bom ou ruim. É uma característica. Impulsivos como eu acertam e erram como todo mundo. Dependendo de sua personalidade, o impulsivo pode ser otimista ou pessimista. O impulso é uma característica que se alia às outras facetas da personalidade, e a consequência será boa ou ruim, dependendo dos outros fatores também. Digo isso para deixar claro que sou impulsivo otimista, sempre acho que vai dar certo. Também sou do tipo crédulo, ajo com o coração. Não sou agressivo, nunca me envolvi numa briga. Mas hoje sei que agir somente por impulso nem sempre dá bons resultados.

A razão é uma característica humana que vai se aprimorando com o tempo, com a experiência de vida. Mas a razão, por si só, não transmite emoção, que é a missão do artista. Acredito que quem não se emociona não emociona. E eu tento sempre transmitir emoção.

A vida do artista é complexa e por isso a razão se faz necessária como um ingrediente fundamental nas nossas decisões. Às vezes consigo isso conversando com gente ponderada ou tendo alguém ao meu lado que cuide dos aspectos práticos do meu trabalho. Através da razão, que somente o tempo nos ensina, conseguimos um ponto de equilíbrio em que, sem perder o nosso lado emotivo, passamos a ter uma nova perspectiva para julgar a nós mesmos. E até para ouvir os outros e seguir seus conselhos ou não. Isso não nos enfraquece, pelo contrário, nos fortalece. Alcançamos uma consciência maior do nosso lado emocional e descobrimos nossos mecanismos de motivação. O exercício da razão ajuda a conter a impulsividade e a reduzir a ingenuidade.

Quando, na minha carreira, tomei decisões baseadas na emoção e arrisquei demais em certas apresentações, somente a determinação, a força interior e uma força superior na qual insisto em acreditar me ajudaram a evitar algo que poderia ser desastroso. Só Deus sabe os sacrifícios que fiz para alcançar meus objetivos. Na vida também tomei decisões que poderiam ser desastrosas, mas, por sorte, muitas acabaram dando bons resultados.

Para ilustrar a perda da razão conto um fato que aconteceu no início da minha carreira como maestro. Embora nessa época a razão já tivesse um papel mais importante na minha vida.

Depois de apenas algumas aulas de regência resolvi gravar os *Concertos de Brandenburgo*, de Bach, com uma das principais orquestras de câmara da Europa, a English Chamber Orchestra. Evidentemente eu estava muito nervoso e no primeiro gesto cometi um erro. Notei um sorriso entre os músicos. Comecei a fazer xixi nas calças. Me retirei, fui ao lavatório, olhei no espelho e disse a mim mesmo: "Você estudou Bach a vida inteira, volta lá e mostra quem você é." Após o último dia de gravação, o oboísta da orquestra se levantou e disse: "A partir de agora vamos tocar Bach do seu jeito, pois Bach é, além de tudo, pura emoção." Comecei a chorar e percebi que a razão me levou de volta ao pódio naquela hora para transmitir sentimentos e liderança. Pois é, o espírito e a atitude de liderança são fundamentais para a formação e a definição de estilo de um maestro. Que fique claro que, para mim, só vale liderança democrática, é assim que ela deve ser exercida.

Impulso e ansiedade caminham de mãos dadas na minha carreira e na minha vida pessoal. O impulso e a ansiedade têm que ser administrados, pois um cérebro (não sou médico) que vai desenvolvendo o seu lado ansioso faz você extrapolar os limites. Hoje conto até 10 calmamente antes de tomar uma decisão, pois emoção, impulso, ansiedade e precipitação podem levá-lo a extremos. Você pode chegar a extremos no que diz respeito ao perfeccionismo, mas no dia a dia o ponto de equilíbrio está no centro.

Dizem que na China, antes de fazerem um caminho em um parque, eles deixam a população andar pelo espaço e surge a trilha. A partir daí fazem o paisagismo relativo aos caminhos naturalmente traçados. Vejo um exemplo de como a razão se alia à intuição, com uma vontade coletiva indicando as melhores rotas dentro do parque. Os caminhos do parque decorrem de uma escolha natural e coletiva por parte da comunidade.

Vou contar uma história que relaciona a razão e a humildade de reconhecer os próprios limites. Às vezes precisamos viver com profundidade a emoção nos momentos decisivos. Em 1979, iniciei em Los Angeles a gravação completa da obra de Bach.

O diretor artístico era Heiner Stadler, a quem já agradeci no capítulo da letra G, e que no seu tempo foi um dos mais conceituados produtores musicais dos Estados Unidos. Infelizmente ele faleceu no começo de 2018. Foi um grande amigo e também o produtor que cuidou das minhas gravações no exterior, inclusive a integral de Bach para teclado, desde o início da minha carreira. Uma das suas qualidades era sempre escolher, para nossas gravações, teatros ou espaços onde a reverberação do som era muito melhor do que num estúdio. Gravou artistas famosos e sabia escolher como ninguém o engenheiro de som conforme o repertório. Fomos trabalhar juntos em um teatro na cidade de Claremont, perto de Los Angeles.

No começo tudo parecia maravilhoso, mas a partir da metade das gravações ele se mostrou um sujeito cheio de razão e exagerado nas críticas. Uma pessoa que, para extrair o melhor de você, provoca-o até mexer com seus brios. Às vezes parecia um daqueles treinadores de esportistas de alta performance. Eu respondia que poucas vezes havia tocado aquilo tão bem. Iniciamos, a partir daí, pequenas discussões que me irritavam profundamente. Mesmo assim eu repetia aquela obra específica e dizia pelo microfone para a ilha de controle que achava a primeira gravação a melhor. Os argumentos de Heiner contra minha versão continuavam e ele pedia que eu gravasse uma terceira vez. Nesse momento eu queria matá-lo. Ao final, em alemão, ele dizia: "Wunderbar!" E eu, teimosamente, dizia: não sei.

À noite, no quarto de hotel, ouvia num aparelho todas as versões e pensava comigo mesmo: não é que o alemão tinha razão?! Se um artista não precisa necessariamente usar a razão, um produtor musical ou um engenheiro de som precisam. No dia seguinte, no café da manhã, ele me olhava de maneira meio irônica e perguntava, não tão humildemente: "E então?" Eu dizia, sem dar o braço a torcer: "No fundo as duas estão boas, mas vamos ficar com a sua." Acontece que, no último dia de gravação, fui eu que acordei a turma para fazer novamente a *Partita para piano nº 6*, de Bach. Eram três da manhã. No final, qual não foi minha satisfação ao ouvir de Heiner, em tom jocoso: "Mister Martins, você tem razão, a execução foi a melhor que eu já ouvi." É claro que ele me chamava sempre de João Carlos, mas naquela hora usou o Mister Martins para aliviar a tensão e fazer um trocadilho com a palavra razão.

Foram quase 30 CDs que gravamos juntos e eu raramente ouvia que estava com a razão. Reconheço que muitas vezes era ele quem tinha razão. Há situações em que é preciso admitir que o outro está certo, embora sua convicção seja contrária. Isso requer humildade. Ao mesmo tempo faz você, mesmo contrariado, perceber a importância do trabalho em equipe, de ter ao seu lado uma ou várias pessoas que entendem do seu ofício e podem ter até uma visão mais crítica do que a sua. No trabalho em equipe a busca do perfeccionismo é baseada num julgamento coletivo e a emoção acaba sendo naturalmente contida por respeito ao outro. Eu e Heiner brigamos dezenas de vezes, mas a amizade, que começou há 40 anos, continuou enquanto ele viveu. Muitas vezes dei razão aos outros, muitas vezes deram razão a mim. Uma gravação de uma faixa musical traz em si uma alma, a alma do intérprete. Todos que participam do processo de produção através da razão colaboram para que a peça venha carregada de emoção.

Para finalizar, quero dizer que a razão serve também para aumentar a resistência do artista às críticas ruins ou destrutivas. É possível saber quando os críticos estão certos ou errados, perceber qual é o bom termo e se abalar menos com os ataques que fazem parte da vida de qualquer um de nós. Use a razão para dizer: "Acredito em mim." Relembre seus momentos de acerto, reflita sobre seus erros, mas jamais perca a emoção.

P.S.

Fiquei amigo de um maestro uruguaio em Nova York – José Serebrier, um ótimo regente. Fui até padrinho de seu casamento. Um dia ele viu uma crítica da *Time Magazine* sobre mim, e me disse: "Dentro em breve também estarei lá." Passaram-se anos e voltei a encontrá-lo na rua 57, quando ele me perguntou: "Você viu a reportagem que saiu sobre mim na *Time*?" Eu disse que infelizmente não tinha visto, e aí ele me contou que, regendo no Carnegie Hall com muita dramaticidade e vigor, acabou perfurando a palma da mão esquerda com a batuta, e que mesmo assim terminou o concerto com a batuta cravada na mão. Não interessa o motivo, mas que ele tinha razão, realmente tinha. Foi parar nas páginas da *Time Magazine*!

SAÚDE

Problemas de saúde frequentemente são um obstáculo para a criatividade e o desenvolvimento produtivo. Às vezes, no meu caso, penso também em destino. Não consigo deixar de considerar que algumas vezes saí da trilha.

De maneira geral, só se pensa na saúde quando chega a doença. É um mal que não desejo a ninguém, mas a doença pode ser um fator de mudança, pois pode despertar a reflexão. Ela tem o poder de nos mudar, para melhor ou para pior. Muitas pessoas pensam que por causa dela só há a decadência, ficam com autopiedade e se sentindo injustiçadas. Quantas pessoas têm sua trajetória profissional interrompida ou enfraquecida por causa de enfermidades inesperadas, acidentes de trabalho ou algum evento trágico, como ser vítima de um acidente ou agressão? Somos todos suscetíveis a doenças. Rigorosamente, algum problema de saúde todo mundo tem. Mas o que se pode aprender com um problema desse tipo?

Em vez de ficar me lamentando, prefiro pensar que uma doença pode ensinar alguma coisa. Acredito que recuperar-se de um problema de saúde aumenta a resiliência da pessoa. Por incrível que pareça, a doença, dependendo da forma como é enfrentada, pode até nos fortalecer. Muita gente que enfrenta males crônicos ou escapa da morte passa a valorizar mais a vida, se torna mais solidária, admite as fragilidades humanas. Não me sinto solitário com minhas doenças. Todo mundo enfrenta algum problema. Alguns mais graves, outros mais simples. Quanta gente muda os hábitos devido a uma enfermidade e passa por uma extrema transformação física, pessoal, até de personalidade?

Grandes compositores sofreram com problemas de saúde. Já falamos de Chopin e sua tuberculose, que o matou aos 39 anos. Temos outros exemplos: Beethoven e Bach.

É bastante conhecida a surdez de Beethoven, um gênio que construiu magníficas obras musicais. Sua doença começou a se manifestar em 1796, quando ele tinha 26 anos de idade, um ano depois de sua famosa primeira apresentação em Viena. Cartas escritas pelo compositor na época mostraram as primeiras referências a zumbidos no ouvido. Em 1801 ele disse claramente que estava ficando surdo em uma carta para o médico. Declarava que sua audição só piorara nos últimos três anos e que para ouvir uma orquestra e entender o que estava tocando precisava chegar muito perto. Dizia que era difícil escutar as pessoas falando num tom normal – chegava um som, mas ele não distinguia as palavras com clareza. A partir da total perda auditiva ele dizia que ouvia sua música interna, o que é maravilhoso e triste. Antes da execução há uma incorporação mental da música. Beethoven se sustentava na sua memória auditiva e conseguia superar os seus aparentes limites e continuar a compor. Não se descobriu a causa da surdez de Beethoven, ainda que existam diversas teorias. Uma delas é que a doença derivou da sífilis, outra que foi contraída porque ele tinha o costume de colocar a cabeça num balde de água fria quando se sentia cansado.

Bach, por seu lado, sofreu com problemas de visão a vida inteira. Já em torno dos 60 anos passou a enfrentar os efeitos mais severos da catarata. Ficou completamente cego um ano antes de morrer, quando caiu na conversa de um médico inglês charlatão chamado John Taylor. Bach tinha fortes esperanças de voltar a enxergar. Em 1750, ano de sua morte, passou por uma primeira cirurgia com Taylor e, uma semana depois, diante do resultado insatisfatório, enfrentou uma segunda operação. As complicações das cirurgias o matariam alguns meses depois. Bach, que dependia da vista para compor, jamais perdeu a esperança de enxergar e por isso chegou a realizar duas cirurgias malsucedidas para continuar sua obra. Imaginem a dor pela qual passou.

Também Haendel, fantástico compositor da época, tentou a mesma cirurgia e acabou morrendo.

Os tempos são outros e temos muitos recursos médicos, o que não acontecia no tempo de Beethoven, Bach e Haendel. Mesmo assim, os sofrimentos que a doença carrega são os mesmos. Nenhuma medicina do mundo foi capaz de me livrar definitivamente da dor. Aqui vou contar um segredo: já fiz 24 operações e confesso que gosto da anestesia. Não tenho nenhum temor de ser operado. Você está na sala de cirurgia olhando para os médicos e ouve algumas horas depois: "João, acorda, foi tudo bem."

Lembro, por exemplo, que um dia, conversando com um médico numa cidade do interior, perguntei: "Por que a anestesia pesa no custo de uma cirurgia?", e ele me respondeu: "Porque fazer dormir é fácil, mas o importante mesmo é acordar o paciente." Claro que, na realidade, estou abordando as 24 operações realizadas na minha vida. Também tenho a impressão de que uma vez, anestesiado, ouvi a conversa dos médicos e senti algo, um delírio, talvez uma dor, que guardei somente na memória. Já disse que antigamente eu pensava como Voltaire, que perguntava ao médico qual a doença, pois ele próprio saberia qual o remédio. Hoje pergunto ao médico qual a doença e, em seguida, pergunto qual o antibiótico.

Minha história passa por mesas de operação, conversas com os médicos, exames e medicamentos. Reduzi minhas perdas ao máximo que pude com as sucessivas cirurgias pelas quais passei, resolvi problemas sérios e tentei aproveitar o máximo do meu potencial ao longo do tempo. Isso me dá uma sensação de vitória, ainda que às vezes minha força decaísse e algumas dificuldades parecessem intransponíveis. Hoje não tenho alguns músculos da mão direita.

Problemas de saúde atormentaram minha vida – fora a distonia, a LER e a lesão cerebral que afetaram ambas as mãos por causa da queda no jogo com a Portuguesa e o assalto. Por incrível que pareça, sofri vários acidentes e eles sempre me atingiram onde eu era mais sensível: as mãos. Aliás, tanta gente passa por coisa parecida. Perder justamente o que é essencial ao seu ofício. Sempre me lembro do atleta João do Pulo, que teve uma perna amputada, ou do locutor de futebol Osmar Santos, que após um acidente de carro ficou com muita dificuldade para se comunicar. O destino tentou parar minhas mãos, torná-las claudicantes, mas eu não me rendi. Sem a mão direita, passei a fazer concertos com a mão esquerda – há vários deles, como o conhecido *Concerto de piano para a mão esquerda*, de Maurice Ravel. O famoso pianista austríaco e milionário Paul Wittgenstein, irmão do filósofo Ludwig, que teve a mão decepada na Primeira Guerra Mundial, foi um grande estimulador dessa modalidade de piano. Explorei muitas das obras concebidas para a mão esquerda, e transcrevi outras. O traço comum a muitas delas é parecer que são tocadas com as duas mãos.

Se a LER é uma doença que se manifesta na forma de movimentos involuntários e prejudica a capacidade motora do pianista, a distonia vai se manifestando ao longo do dia, razão pela qual eu dormia até meia hora antes dos concertos e das gravações. Com isso ficava renovado e tocava como se tivesse acabado de acordar, sem qualquer espasmo. Sofri também da contratura de Dupuytren, o mesmo mal que afetou Leonardo da Vinci. Trata-se de um espessamento no tecido que fica abaixo da pele da palma da mão chamado fáscia palmar. Além de causar pequenos nódulos, leva alguns dedos a ficarem dobrados. Isso influiu para deixar minhas mãos com o aspecto atual. Há pelo menos 30 anos esse mal me acomete e afeta meus movimentos. Contusões e doenças me afligiram, mas não foram capazes de me fazer parar.

Fora as cirurgias nas mãos, devo computar também um tumor na garganta, duas embolias pulmonares que quase me mataram, algumas pedras nos rins, diverticulite, hérnia de hiato, apendicite e algumas internações por outros problemas que não resultaram em cirurgia. Fiz muita fisioterapia e sigo os tratamentos mais avançados. Já participei, inclusive, de pesquisas. Acredito numa espécie de gestão pessoal da saúde para minimizar os danos. Passei metade da minha carreira tocando e a outra metade buscando cuidados para resistir ao sofrimento nas mãos.

Sendo didático, no quesito saúde vejo a importância de uma pessoa cuidar da saúde física, mental e, por que não, espiritual. No primeiro caso você necessita ter um médico no qual deposite toda a sua confiança, ao qual tenha acesso fácil e que lhe permita ligar, de qualquer lugar que você esteja neste planeta, perguntando o que fazer diante de determinado sintoma. O número que inadvertidamente citei em público, o que não farei neste livro, é do meu guru na medicina, o maravilhoso Dr. Raul Cutait, a quem aproveito para agradecer.

Para reger uma orquestra a saúde física é importante, pois o desgaste durante um concerto ou um ensaio não é muito diferente do desgaste gerado em uma partida de qualquer tipo de esporte competitivo. Como é importante a disciplina em exercícios que fortaleçam as pernas, o abdômen e a respiração. Cuido apenas desses três itens, além das caminhadas, pois, aos 79 anos, é necessário se manter em forma. Meu incentivador? Meu pai, que fazia exercícios até os 102 anos.

A saúde mental, na minha opinião de leigo, começa com a preservação da memória, a qual exercito diuturnamente. Tenho uma memória razoável e quanto mais envelheço, mais ela melhora. Sabia de cor, por exemplo, 400 peças individuais de Bach para teclado, como já disse. Na escola, não estudava lições de casa. Não estudava porque ficava dedilhando o piano. Aí, tinha prova de história. Naquela época, até alguns anos atrás, se você me desse uma página para que eu lesse, eu lia a página inteira em 2 minutos e depois escrevia tudo que havia lido. Minha colega de escola Maria Cecília Parasmo viu e pode confirmar isso. Se houvesse dois erros, era muito. Então abusava do poder da memória para não precisar estudar na escola e me dedicar ao piano. Por isso, onde não tinha como decorar, matemática, por exemplo, se pudesse ter uma colinha, era bom.

Além da memória, acho que a saúde mental está associada à capacidade de discernimento, ajuda você a analisar o contexto que o circunda no dia a dia. Você consegue opinar de forma mais objetiva sobre tudo que acontece à sua volta, no seu ambiente, na sua cidade, no seu estado, no seu país e no mundo. Com relação à sua saúde espiritual, nada melhor do que manter a fé. Através da fé, independentemente da religião, já que acredito que vários caminhos levam a Deus, você consegue a paz interna.

Já entrei no palco com problemas físicos e dores, inseguranças espirituais e dificuldades emocionais que eu não tinha conseguido resolver na vida particular. Nessa hora você tem que ficar alheio a tudo e cumprir sua missão. Mas nem sempre a gente consegue: eu faltei três vezes, em mais de 4 mil apresentações. Foram concertos que tive que cancelar.

Meu pai me ensinou que a força da mente vence qualquer problema de saúde e contava, entusiasmado, que não acreditou quando recebeu a notícia de que morreria prematuramente após a retirada de três quartos do seu estômago. Os médicos disseram que viveria, no máximo, até os 40 anos. Ele tinha 42 quando eu nasci e morreu aos 102, em decorrência de um acidente doméstico. Não fosse isso, teria chegado fácil aos 110. Lembro-me de que na comemoração do seu centenário o cônsul da Romênia, ou adido cultural, se não me falha a memória, disse a ele: "Seu José, o senhor está tomando vinho e fumando charuto! O senhor consultou seu médico?" E ele respondeu: "Não, meu filho. Meu médico já morreu há muitos anos!" Durante nossa infância ele dedicava cerca de meia hora por dia aos filhos para que fizessem exercícios físicos ao seu lado. Ele chamava de ginástica sueca. Lembro-me de que minha mãe observava com um sorriso. Já quase com 100 anos escreveu um livro que seria um manual para manter a saúde perfeita. Falei para ele: "Pai, o senhor não é médico, será que pode dar alguma complicação?" Ele não respondeu.

Após alguns dias, viajei com o ex-ministro da Saúde Adib Jatene para Brasília e contei o fato a ele. Adib conhecia meu pai e me perguntou qual era a idade dele. Eu disse: "Noventa e cinco anos, mas, como já lhe disse, ele nunca fez curso de medicina." Adib me respondeu: "Com a saúde que ele tem, diga-lhe que vou comprar o livro." Quando contei essa história para o meu pai, ele comentou: "Leia o livro e divulgue, porque vai ajudar muita gente a gozar de boa saúde." Hoje, quando faço meus 300 abdominais e ando com 4 quilos em cada perna, sinto saudades das conversas que tinha com ele. Cultivava a saúde como poucos e não tinha medo da morte, mas sofreu muito com o falecimento de minha mãe. Talvez para apagar as mágoas, tomou aulas de informática e tornou-se um expert em manusear um computador. Se vivesse hoje, ele adoraria as redes digitais: o Twitter, o Instagram e o Facebook. Eu só agora comecei a entender o Instagram.

P.S.

Dei muita importância à saúde quando falei
deste assunto numa entrevista em Portugal.
Ao tomar um copo d'água, olhei o rótulo
da garrafa e li: Água Mineral Penacova.
Comecei a rir, e o entrevistador comentou:
"É impressionante como o senhor consegue,
mesmo com tantos problemas por que passou."
No fundo eu estava pensando que não era hora
de botar o "pé na cova"!

TALENTO

Talentos encontramos em todos os campos de atividade. Desde as origens da civilização aparecem homens e mulheres que se destacam por fazer algo muito bem. Provavelmente não eram todos os homens e mulheres pré-históricos que sabiam fazer pinturas rupestres, por exemplo. Acho que eram aqueles que descobriam que podiam desenhar dominando alguma técnica primordial dos pigmentos e se interessavam em ficar desenhando na pedra.

Houve um homem ou uma mulher ancestral que percebeu que sua voz podia emitir sons agradáveis, melodiosos. A voz é o instrumento do corpo. Assim como provavelmente descobriram o ritmo através das mãos e dos pés. Em algum momento alguém percebeu que, ao soprar um determinado caule oco como um canudo, um som era produzido. Em priscas eras surgiu a semente da música, mas para isso era necessário ter aptidão.

O talento é a capacidade de aproveitar bem o potencial de suas ferramentas e de extrair o máximo delas. Não é por acaso que a arte e a técnica sempre andaram juntas.

Já na Antiguidade clássica, Aristóteles, em sua obra *Política*, descreve a importância da música para a formação e a felicidade dos cidadãos que habitam a *polis*, a cidade. Ele era peripatético (são designados assim os filósofos que produziam enquanto andavam). Também gosto de fazer isso. Chego a andar 4 quilômetros por dia dentro de casa, vou e volto do piano até a sala de jantar. Trabalho andando. Assim estudo e vou decorando as partituras.

Entendo que o talento deve se fundir com a excelência técnica. A pessoa se aprimora na medida em que ensaia e estuda. Mesmo aquele que tem um dom especial não irá longe se não desenvolver seu talento através do estudo e do aprimoramento técnico.

Todos temos algum talento, mas infelizmente há talentos que nunca se expressam. Às vezes por falta de oportunidade, outras vezes por falta de empenho, muitas vezes por insegurança. Num país gigante e cheio de rincões como o Brasil, ter a chance de procurar e ajudar a desenvolver o talento musical é um privilégio. Precisamos buscar formas de identificar os talentos das pessoas e dar a elas a oportunidade de desenvolvê-los, seja na arte, nos esportes ou na ciência. Identificar as habilidades que cada um possui e estimular o seu desenvolvimento. Se algumas nações fazem isso com maestria, inclusive com os talentos de outros países, por que não podemos fazer por aqui também? Deveríamos ser capazes de identificar nossas mentes brilhantes nas mais variadas especialidades. Eu mesmo morei nos Estados Unidos – em Nova York, em função da carreira, e em Miami, onde fiz meus tratamentos de saúde durante um período. Gosto de lá, mas sou brasileiro. Foi aqui que me formei, como homem e pianista, com a ajuda inestimável do professor Kliass.

Ser talentoso, porém, é diferente de ser genial. Os gênios são raros. Hoje em dia abusa-se dessa palavra. No futebol, por exemplo, gênios são Pelé e Messi. Dos filósofos gregos da Antiguidade, que eram inúmeros, restaram três que se distinguiram: Aristóteles, Platão e Sócrates. São pessoas como Bach, Chopin, Beethoven, Albert Einstein e Santos Dumont. Ou como Leonardo da Vinci, que morreu há 500 anos, um gênio com múltiplas habilidades, que é um exemplo da interseção da criação artística com a técnica apurada. E para não dizer que citei apenas homens, não podemos nos esquecer de Marie Curie, Clara Schumann, Maria Callas e Rachel de Queiroz, dentre tantas outras.

Mas preciso voltar ao genial Johann Sebastian Bach que, como já disse, foi a síntese de tudo o que aconteceu na música antes dele e a profecia de tudo o que viria a acontecer. Toda a história da música está contida em sua obra. Quantos talentos o Mestre Kantor inspirou através dos séculos. Bach também tinha um talento extraordinário para o desenho. Basta olhar para o brasão que desenhou para sua família com diversas posições das letras J.S.B. É um dos brasões mais lindos de que se tem conhecimento. Tem o aspecto de uma coroa baseada nas notas musicais. Dentro de sua humildade, no fundo espero que ele soubesse que era eterno.

Gosto de usar a imagem de uma catedral para diferenciar os gênios dos talentos. As grandes e majestosas catedrais significam a presença de seres humanos que, além de receberem o dom do Criador, foram capazes de desenvolvê-lo até o limite.

Einstein, por sinal, tocava violino. Dizia que se não fosse físico, seria músico, que pensava em termos de música, via sua vida em termos de música. Mas, por incrível que pareça, música e ciência nem sempre convivem harmonicamente. Tomemos como exemplo um trio de piano, violino e violoncelo no qual o pianista era um dos maiores da época, Alfred Schnabel. Einstein tocava violino. Eles não tocavam publicamente, mas sim por lazer, com exceção do pianista. Durante um ensaio em casa tocando um trio de Beethoven, Einstein começou a acelerar e perdeu o ritmo. Schnabel perguntou, irritado: "Meu Deus, você não sabe contar!" Só aí ele percebeu para quem estava fazendo essa observação. Não é porque uma pessoa se destaca em alguma atividade que ela sabe fazer tudo bem. Ao contrário, com frequência pessoas talentosas negligenciam aspectos práticos e cotidianos.

Desperdiçar um talento por falta de oportunidade é um pecado. Tenho tentado fazer a minha parte no campo da música clássica. Existem inúmeros projetos de inclusão social através da música, que certamente é forte como elemento de desenvolvimento intelectual e emocional. Mas, além de projetos desse tipo, deveríamos ter mais escolas de música. Eu costumo dizer que as crianças e os jovens que participam desses projetos podem ser identificados da seguinte forma: há aqueles, a maioria, que se tornarão apreciadores da música de concerto e formarão o público das gerações futuras. Há também aqueles, um número menor, que aprenderão a tocar algum instrumento e o farão por lazer e para relaxar, assim como Einstein fazia. Em seguida teremos aqueles que terão no aprendizado da música uma profissão. Por último encontraremos os diamantes – estes têm de ser lapidados. É aqui que falhamos, pois nossas instituições não se prepararam para essa etapa do desenvovimento do talento. De minha parte, guardem um nome: "Orquestrando o Brasil". É um sonho do velho maestro, unir o Brasil em forma de coração através da música, que já está se tornando realidade.

Aproveitando para falar de um talento exuberante que se expressou plenamente, lembro Guiomar Novaes (1894-1979), a principal mulher pianista do mundo no seu tempo. Fez várias temporadas nos Estados Unidos e participou da Semana de Arte Moderna, de 1922. Como outros brasileiros, não teve seu imenso talento devidamente reconhecido. Quando ela me viu tocar aos 10 anos tornou-se uma das primeiras a me apoiar. Cresci sob altas expectativas e eu mesmo tinha as minhas próprias expectativas em relação a mim. Queria fazer sempre o melhor, fosse tocando um concerto para milhares de pessoas ou fazendo uma apresentação menor. Fazia isso nos bons tempos. Um milionário americano, por exemplo, estava fazendo 50 anos de casado e me contratou para tocar em sua casa. Qual foi o presente dele para a mulher? Uma passagem minha de São Paulo até Washington para dar um concerto para os dois.

Após um concerto em Nova York, o jornal *The New York Times* escreveu "*One of the world leading pianists*", mas ninguém é profeta em sua terra. Escrevo isto para dizer que se você tiver algum talento nas artes, leia os elogios, mas não se empolgue. No entanto, se houver uma crítica construtiva, leia e releia até extrair algum ensinamento.

Por sinal, encerro esta reflexão sobre talento com o exemplo do futebol. Esse esporte tem um sistema interessante de descobrir talentos, através das peneiras, mas perde precocemente seus melhores jogadores para times do exterior. A Portuguesa, por sinal, teve uma das melhores peneiras do futebol paulista. Juntam-se dezenas de jogadores e olheiros identificam os mais hábeis e os chamam para treinar com sua equipe. É bom para os garotos que estão fora do radar dos clubes ser identificados. O problema desse tipo de seleção é que às vezes pode ser injusta. E se, no momento em que ela acontecer, o jogador estiver num mau dia? Isso também pode ocorrer num concurso de música clássica, como os de Leipzig. Só posso dizer que os talentosos devem ter oportunidades para desenvolver seu dom.

P.S.

Vou contar mais uma história bonitinha. Uma vez, durante a passagem de som para experimentar o piano, fui apresentado a um velhinho de 80 e poucos anos. Ele abriu sua caixa de violino e perguntou se eu poderia acompanhá-lo nas czardas, música tradicional húngara. Deu-me a partitura para piano e começamos o ensaio. Dois minutos depois eu disse: "Querido, está lento." Imediatamente ele colocou o violino em cima do piano e, chorando, começou, emocionado, a contar a sua história. Primeiro, como seu pai havia comprado o violino; segundo, como viajava 30 quilômetros para tomar aulas uma vez por mês; e, terceiro, como tinha sido sua primeira apresentação no fim do século passado. Falou durante meia hora contando sua vida, e eu escutei tudo com educação. Finalmente ele, muito orgulhoso e já com lágrimas nos olhos, me disse que aquele momento era único, pois o monsenhor de sua cidade lhe dissera a mesma coisa que eu havia falado: que ele tinha talento, mas que ouvir isso da minha boca era sua maior honra.

Fiquei quieto em respeito àquele senhor. Ensaiamos metade das czardas que ele ainda conseguia tocar no seu andamento. Acho que foi a primeira vez que um bis foi mais longo que um concerto naquela noite. Só sei que foi o acontecimento da vida dele, voltando a tocar em público após décadas. Nunca mais falei "Tá lento", separado assim em duas palavras, mas sim "vamos acelerar", ou "estamos muito devagar nesta passagem".

Mas que estava lento, posso garantir. Ponha lento nisso!

UNIVERSO

Cada um dos capítulos deste livro enseja um universo. De Bach à esperança, de João à razão. Há o universo da música ou o universo da paixão. Universo é o todo, a integridade, não é apenas o lugar que nos abriga, mas também aquele que idealizamos e produzimos. Pertencemos todos ao mesmo ambiente. Estamos situados no Cosmos. Acredito que o universo está em todas as coisas. De alguma maneira o macrocosmo está contido no micro. Observando fenômenos microscópicos, analisando os acontecimentos em pequena escala, entendemos o funcionamento da vida. Um concerto pode sintetizar um mundo. A carga de emoção contida em grandes obras, interpretadas com arte e sentimento, pode equivaler em energia ao surgimento do universo. Ouçamos de novo *A sagração da primavera*, de Stravinsky, para entrar na vibração da natureza primordial. O universo tem regras fixas, estabelecidas por um Ser Superior. O que chamamos de acaso é o que escapa à nossa compreensão. Sua grande complexidade exige um esforço permanente de elucidação dos fatos, como cuida de fazer a ciência.

Como surgiu o universo? É uma criação divina ou o resultado de um processo natural? Os cientistas dizem hoje que

O universo surgiu de repente, há bilhões de anos. Não havia espaço e tempo, nem som, nem silêncio. Não existia nada, só um ponto infinitesimal que explodiu e causou o desabrochar súbito do espaço e do tempo. O chamado Big Bang, uma explosão germinal que criou galáxias, estrelas, planetas e infinitas partículas que entraram num ciclo contínuo de causa e efeito, no qual corpos e formas se sucedem, num sucessivo nascer e morrer. A vida humana seria um de seus produtos passageiros. Deve ter sido impactante o momento primordial. Os budistas, que não têm uma explosão fundadora na sua cosmogonia, também enxergam o ciclo recorrente para explicar a progressão do universo. Como os cosmólogos de hoje em dia, eles veem um universo dinâmico, em fluxo permanente. As coisas desaparecem da mesma maneira que surgem. Mas no budismo o universo não tem um momento de origem, não tem começo nem fim. É infinito.

Embora seja católico, acredito em reencarnação. Acredito que tinha que passar por todos os problemas de saúde pelos quais passei. Todos os dissabores que enfrentei e as alegrias que tive fazem parte do meu destino. E o destino é como uma flecha. Essa flecha pode ter desvios, mas ela continua em frente para chegar ao ponto final. Assim encaro a vida e seus obstáculos. Como diz a prece de São Francisco de Assis, para lidar com os obstáculos que são praticamente intransponíveis você precisa ter determinação e ultrapassá-los. Para lidar com esses obstáculos que Deus coloca em seu caminho, é preciso ter humildade. Como somos ínfimos em relação ao universo! Há um processo contínuo de renascimento, onde tudo se transforma.

Meu pai acreditava em reencarnação e, segundo dizia, conforme a nossa evolução, reencarnaríamos num planeta superior ou inferior, mas essa é simplesmente a opinião de um autodidata que acreditava na vida após a morte.

Universo é uma palavra tão ampla que realmente abrange tudo e explica muito pouco, de todos os pontos de vista. A ciência evolui geometricamente, assim como as artes o fizeram do século XVI até o século XVIII, e nessa evolução os segredos do universo passam a fazer parte do nosso imaginário graças à tecnologia. Quem sabe meus bisnetos terão muito mais explicações de todos os itens nos quais este maestro exerceu a sua liberdade de expressão! "Quantos segredos entre o céu e a terra!" Mas tudo depende da evolução que fizermos na exploração diuturna de uma pequena massa cinzenta que está em nossa cabeça.

Quem sabe nos encontraremos no futuro em algum ponto do nosso universo! Mas quantos pensam que o fim é o fim? Cabe a nós, neste breve período que passamos aqui, contribuir de alguma forma para tentar explicar os segredos do universo através dos segredos do nosso cérebro e aproveitarmos ao máximo as nossas qualidades – sempre existem algumas – para entender o que significa sustentabilidade e responsabilidade social.

O universo tem vários significados para as pessoas, principalmente os cientistas. No entanto, em Cuba, ele teve outro significado para mim. Aos 20 anos, passei três ou quatro noites em Havana. Dois dias antes do concerto, houve um jantar que me foi oferecido por um grupo da antiga aristocracia cubana. Toquei algumas peças ao piano e notei que uma senhora loira, de uns 40 anos, estava empolgada com o garoto pianista.

Todos comentavam a drástica mudança ocorrida em suas vidas com a chegada da Revolução. Os comentários quase sempre estavam relacionados ao que poderia ser feito pelos Estados Unidos, mas sabiam que o tempo era curtíssimo para enfrentarem a realidade com um patrimônio infinitamente menor. Pude perceber que, apesar da truculência do regime, havia também um certo "jeito cubano". Mas não era isso que me preocupava, mas sim que a loira estava desacompanhada.

P.S.

Ao final ela se dirigiu a mim e disse para eu dispensar o motorista da embaixada que ela me levaria. Pelo que entendi, ela estava aos poucos se adaptando ao regime por causa de alguns parentes em comum com a família Castro. Se não me falha a memória, tinha uma via chamada 5ª Avenida. Nem sei se a embaixada ficava ali. No caminho, para puxar conversa, comentei: "Como são lindas as estrelas no Caribe! Poderíamos caminhar um pouco na praia para observá-las." O céu estava totalmente nublado. Ela respondeu que achava que ia chover. No entanto, parou o carro, era tarde da noite e caminhamos um pouco, e eu sempre dizendo: "Como são lindas as estrelas no universo." E ela contrapondo: *"Pero no las hay esa noche."* E eu: "Claro que sim." Fomos nos aproximando e o "claro que sim" sem as estrelas do universo funcionou lindamente. Voltamos ao carro e ela, um pouco ofegante, me levou à embaixada. Assim sendo, o universo, mesmo sem estrelas, inspira milhões e milhões de mentes e corações. Mas digo que, talvez, com estrelas e com menos vento nas costas seria mais romântico.

VELHICE

Viver é muito perigoso, já dizia Guimarães Rosa. Um acidente pode acontecer a qualquer momento. Armadilhas estão nos lugares onde menos esperamos. Na velhice fica mais perigoso ainda. As chances de tropeçar se tornam maiores e precisamos manter a morte como um pensamento distante. Diante do sentimento de precariedade precisamos nos cuidar, ter pelo menos um mínimo de prudência. Aprendi a ser prudente com a idade. Claro, fui abandonando a impulsividade, controlando o ímpeto. Como não me canso de dizer, as vicissitudes ensinam e o tempo deixa você menos ansioso. É óbvio que os problemas de saúde tendem a crescer na velhice. Precisamos nos precaver enquanto somos jovens para conseguir desfrutar dos pequenos e grandes prazeres mais tarde. Procure levar uma rotina sem vícios. É uma boa fórmula para continuar vivo por mais tempo e continuar ativo, trabalhando e influenciando a sociedade ou o grupo que o cerca. Escrevo estas linhas porque a idade me trouxe consciência. Não sei se com todo mundo é assim. Nem penso em parar. Até acontece me ver mais vigoroso do que na juventude. Se as mãos se perderam, o entusiasmo diante da arte continua intacto.

A velhice é o momento de aprimorar suas virtudes. Ainda que haja uma certa decadência física, aumento das dores, agudização de problemas, a mente vai mais longe. Acumulam-se experiências que quase sempre levam a mais sabedoria. Tive um exemplo de envelhecimento saudável: meu pai.

Vivo minha velhice – oops! (esta palavra existe no dicionário, mas não no meu vocabulário) – intensamente. Hoje trabalho com o mesmo empenho que tinha no passado. O trabalho é outro, mas a vontade não mudou.

Hoje, aos 79 anos, quando acordo e vejo as responsabilidades que assumi, me preocupo um pouco, mas ignoro os problemas da idade. Gostaria que o dia tivesse 30 horas ou mais. Ao entrar no palco procuro demonstrar a mesma confiança do passado e com andar firme dirijo-me ao pódio. Nesse momento percebo que aqueles com idade semelhante à minha se motivam. Até acredito que, ao verem meu entusiasmo diante da orquestra após quase duas horas de música, pensam seriamente em procurar uma academia no dia seguinte.

Claro que me refiro àquelas pessoas que, talvez aposentadas, não deixaram de demonstrar amor à vida e amor a qualquer atividade que estimule o ego. Existe o lado bom da velhice? Alguns dizem que sim, outros que não. Eu acredito que o lado bom se chama lembrança. Como é bom lembrar os melhores momentos que você teve pessoal e profissionalmente não apenas para guardar na memória, mas para ser uma mola propulsora que o inspire a repetir aquele momento. Como é bom ver o sucesso de alguém que talvez tenha tido em você um dos fatores que o inspiraram.

Outro lado bom da velhice é dormir menos, pois lhe dá oportunidade de ter mais tempo para se dedicar ao que importa. Uma velhinha que conheci na minha juventude me disse, certa vez, na casa de repouso onde morava e onde velhos só viviam da alegria que sentiam nas visitas de filhos, noras e netos que, aos poucos, ficavam mais raras: "João Carlos, os velhos não deveriam nascer." Lembro que essa frase calou fundo no meu coração e pensei: *Os velhos não deveriam morrer, por tudo aquilo que podem nos ensinar.* Sim, na velhice você sempre terá mais tempo para explicar aos jovens as experiências boas ou más da vida. Em muitos países, como o nosso, fico triste com a falta de respeito na maioria dos casos com os idosos. Para mim, o sinônimo de velhice deveria ser renovação, pois se alguém se aposenta, várias janelas podem se abrir indicando novos caminhos.

A história que vou contar, para falar a verdade, envolve espiritismo, velhice, sonho e imaginação. Em 2008, estava passando na lateral do Carnegie Hall uma semana antes do meu segundo concerto como maestro naquele templo da música. Parei para dar uma olhada no cartaz onde constava o dia da apresentação. Estava parado, observando, quando de repente uma senhora linda, com cerca de 60 e poucos anos, dirigiu-se a mim e disse: "Mr. Martins, a emoção que eu senti na sua estreia como maestro foi a mesma que senti quando o senhor tocou as *Variações Goldberg* no Lincoln Center em 1981. Naquela noite eu era a encarregada de cuidar do seu camarim e não podia acreditar em quantos erros o senhor estava cometendo na preparação ao piano. Abri a porta e perguntei se o senhor estava se sentindo bem. Lembra?"

Imediatamente me lembrei da história e continuei: "Não se preocupe, gostaria que você pudesse assistir, talvez do meu camarote ou onde for possível, à apresentação de hoje. Garanto que será uma das melhores *Goldberg* que você já ouviu, sem nenhuma falha e com muita emoção." Ela respondeu que eu não me preocupasse porque o concerto do Lincoln Center foi um dos melhores que ela tinha presenciado. Fiquei feliz, pois naquela época já tinha problemas nas mãos e realmente, enquanto esquentava os dedos no piano do camarim, errei um bocado. Cometia falhas me exercitando, mas não as repetia no palco. De fato, no concerto, "baixou o santo" e fiz uma das minhas melhores apresentações.

Ela se despediu. Eu a perdi de vista perto do metrô da rua 57. Fiquei arrasado porque queria convidá-la para o concerto, como o maestro que estava no cartaz. Logo em seguida fui ao escritório do meu empresário Jay Hoffman, que me acompanha desde os 20 anos e que mantinha um arquivo com toda a ficha técnica das minhas apresentações em Nova York. Nele, Jay encontrou o nome da encarregada do meu camarim naquela noite. Eu falei: "Jay, preciso telefonar para ela, se você ainda tiver algum contato, pois fiquei emocionado com o encontro e quero convidá-la para sábado à noite assistir à minha apresentação como maestro." E ele me respondeu: "A Carol faleceu há cinco anos." Naquele momento perdi o chão, pois para mim ficou tudo parecendo um sonho perdido em algum lugar do passado.

Para ser sincero, esse assunto de velhice é o que menos me interessa deste livro. Para mim, é um pretexto para buscar novos caminhos. Eu tinha 30 anos quando os médicos disseram que eu não poderia tocar mais profissionalmente e pensei até em morrer. O que havia construído de repente parecia desabar. Enfrentei a entressafra, um longo período de depressão em que cheguei às vias do suicídio, mas me recuperei e voltei com tudo. Repito: voltei com tudo e digo até em melhor forma, mais maduro. Depois, estava com 63 anos quando os médicos falaram pela segunda vez que eu não poderia mais tocar piano profissionalmente. Dessa vez, muito mais escolado, pensei em viver, em me reinventar e tornei-me maestro. Finalmente, estou entrando na terceira fase da minha vida, baseada no Capítulo 5 deste livro, com a letra E, de esperança, e quero levar adiante minha luta para espalhar a música clássica pelo Brasil e formar novos músicos. Não sei por que escolhi, na letra V, velhice em vez de vontade. Teria sido mais acertado, mas agora já foi. Vamos mudar de assunto e mudemos para o X da questão. Abro aqui um parêntese para dizer que não gosto de me referir a mim mesmo como "velho maestro". Sabem por quê? Eu me considero um jovem maestro, só rejo há 15 anos.

Alguns podem achar pretensioso, mas quero envolver o Brasil pela música. Já tenho 470 orquestras parceiras, graças ao Sesi-SP e à Fundação Banco do Brasil. Meu caminho é o do mestre Villa-Lobos. Quero levar a música para todos os municípios de São Paulo e do Brasil, ajudar a transformar bandas e grupos de instrumentistas diletantes em orquestras. Há muitos potenciais perdidos por este Brasil afora. A música clássica é um direito, deve ser acessível. Ela ajuda na evolução do homem. Muitos municípios com mais de 15 mil habitantes passam a se interessar pela música clássica. Ter uma orquestra contribui para o orgulho da cidade. A Bachiana Filarmônica Sesi-SP, criada em 2004, já atingiu cerca de 16 milhões de pessoas ao vivo em teatros, ginásios, campos de futebol, praças e avenidas, etc., etc., etc. Há um grande público no Brasil para a música clássica e eu procuro contribuir para ampliá-lo cada vez mais. Vivamos o momento e olhemos para o futuro. Respeitemos a memória sem viver do passado. A orquestra começou, em 2004, com 21 pessoas ensaiando lá em casa. Dois anos e meio depois a gente pisou no Carnegie Hall. Hoje, é uma instituição consolidada.

Sempre soube que a música produz um sentimento de união. Pensava só em tocar piano e, agora, em reger orquestras. Não me via como integrante de um projeto social. Posso dizer que a maior iniciativa da minha vida, com meus parceiros, está em pleno andamento e ela será parte fundamental de um legado que gostaria de deixar. Temos potencial para colocar mil orquestras de qualidade no Brasil! Sucesso? Não gosto dessa palavra.

P.S.

Numa tarde, antes de um concerto, fui com meu filho comer um hambúrguer e, na caminhada de volta, como muitas pessoas me paravam para tirar fotografias, meu filho avisou que um senhor estava vindo em minha direção. Educadamente, fui cumprimentá-lo. Ele disse: "Ué?! Você ainda está vivo?" Era um colega de escola. Só pude responder: "Ué! Nós estamos!"

O X DA QUESTÃO

Já escrevi sobre tantos itens que tenho a humildade de confessar que é difícil estabelecer o X da questão. Falei de tantas coisas que considero importantes, que não ouso dizer qual é a maior de todas. Deixo isso para os donos da verdade, aqueles que sabem tudo. Não tenho a pretensão de ter o mesmo alcance filosófico. Dar essa resposta de uma maneira assertiva é como participar de um movimento de mídias sociais em que todo mundo quer impor o seu ponto de vista, dar a palavra final. Preciso pensar muito para chegar a uma conclusão, com tantas versões do "X da questão" passando pela minha mente. Não quero ser só mais um dono da verdade.

A letra X impõe um compromisso. O X da questão é algo peremptório, que deve ser dito. Poderia simplesmente voltar ao primeiro capítulo e dizer que é o amor e meu problema estaria resolvido. Resposta fácil. Ou Deus? Bem que fico tentado. Poderia dizer também que o X da questão é a fidelidade a si mesmo ou que é ajudar o próximo. Pensei em várias formas de preencher a letra X.

Gosto de pensar que o X é a letra da multiplicação, a mais famosa letra da matemática, consagrada na fórmula de Bhaskara, que serve para resolver equações de segundo grau. É também a letra da incógnita. E representa o ponto fundamental, o "X da questão", como no caso deste capítulo. Serve ainda, em algumas situações, para representar a ausência de som. Na palavra excelente, por exemplo. É uma letra misteriosa que tem quatro sons. Tem som de CH, em palavras como lixo e xadrez; de S e SS, em extrair, texto, expectativa, máximo; de CS, em fluxo, reflexão e tóxico; e de Z, em exame, executar, êxito, e assim por diante. O X afinal vale por si mesmo e aparece como quer.

Mas o fato de ser a letra multiplicadora é a metáfora que gosto de explorar. Multiplicar conhecimento, levar informações através da música para toda a população, usar a música para unir um povo.

Mais uma vez, cito a frase elucidativa de Villa-Lobos: "Não é um público inculto que vai julgar as artes, são as artes que mostram a cultura de um povo." O sonho desse grande mestre era fechar o Brasil em forma de coração através da música. Era um homem realmente ambicioso. E com energia. Tinha, além do mais, a vantagem da juventude. Quem sou eu perto dele? Mas ele não tinha nem internet nem TV, instrumentos preciosos para propagar informações e levar conhecimento e cultura para todos os públicos. Fez um trabalho exemplar com aquilo que tinha à mão. A minha vantagem é dispor de mais recursos tecnológicos, posso até fazer transmissões para milhares de pessoas da sala de casa, como acontece nas conferências a distância com os maestros da Orquestrando o Brasil, usando apenas o celular. As distâncias diminuíram. Graças à tecnologia podemos estar em vários lugares ao mesmo tempo.

Tenho mantido o hábito de visitar cidades com cerca de 40 mil habitantes para formar novas orquestras e congregar novos maestros. Comecei um trabalho de formação de maestros, e juntando a banda local com os músicos de cordas, em geral de igrejas evangélicas, você consegue montar uma orquestra. Os maestros fazem curso a distância, mas também temos encontros presenciais.

O importante é trazer o sonho de Villa-Lobos para o século XXI.

Fizemos apresentações na Fundação Casa que foram muito intensas.

Sendo agora mais específico, o X da questão é poder dar oportunidade para todos e desenvolver projetos.

Quando acabo de reger um concerto, sou tomado pelo sentimento de que plantei mais uma semente. Sinto-me alegre e saciado. Olho a orquestra e constato que faço parte de um conjunto. Vejo a Bachiana Filarmônica Sesi-SP em ação e me vem a vibração do Brasil, uma marca de identidade. De alguma forma percebo que estamos conectados com a alma nacional de maneira profunda e permanente. Fazemos um gratificante trabalho em equipe, que se desdobra em várias frentes. Quando deparo com o Theatro Municipal lotado, lugar em que toquei pela primeira vez em 1953, aos 13 anos, sinto a mesma emoção que senti na juventude. Diante de uma plateia penso que sou privilegiado. Cada concerto é uma realização. E a minha motivação à frente da orquestra é a mesma quando solista. Quanto aos meus problemas, só posso dizer que Deus não dá um fardo maior do que o que a gente pode carregar.

P.S.
Não contem a ninguém: preservo a nossa gramática, mas muitas vezes (que vergonha!) digo "Vou de encontro" em vez de "Vou ao encontro". Este é um "X" da questão, quando estou contando algum caso. O outro é que muitas vezes não tenho certeza se alguma palavra se escreve com "x" ou não!

ZÊNITE

O zênite é onde sinto que me situo – o ponto mais importante da minha trajetória.

Na astronomia, zênite é o lugar mais alto da abóbada celeste, é o cume de uma linha imaginária estabelecida por quem observa o céu. É também o ápice da subida de um objeto celeste em seu caminho aparente. Está localizado acima da cabeça do observador, num superior estágio de elevação. Quando digo que me sinto nesse lugar não quero parecer pretensioso ou achar que alcancei Deus – jamais diria isso –, mas simplesmente constatar que minha vida chegou à zona de equilíbrio e me colocou numa posição em que consigo melhorar meu conceito com relação à vida.

Fico feliz em ser um músico que procura transmitir emoção para todos.

Motivação e entusiasmo são forças que movem o ser humano. Devemos acordar todos os dias com vontade de produzir, dispostos a dar mais um passo e sabendo que estamos dando o melhor de nós. Sei que nem sempre isso é fácil. Há horas em que parece impossível encontrar motivação. É importante, porém, que a pessoa tenha sempre em mente que é preciso continuar, viver vale a pena. A vontade às vezes falha, mas devemos reencontrar o prumo. A falta de vontade é algo temporário, um mal passageiro. Que seja passageira!

Combinado com a disciplina, o entusiasmo é uma fabulosa energia produtiva. Sou um homem persistente e contagiado pela alegria de viver.

A vida é um processo. Estamos frequentemente nos reinventando. Já construí muita coisa, mas a minha sensação é de que dei só mais um passinho. Desfruto da minha condição humana, com virtudes e defeitos. Fui o melhor que consegui ser. Poderia ter sido melhor? Talvez.

João de A a Z está longe de ser um livro definitivo, mas, sem dúvida, mostra uma pessoa que reconhece seus erros e acertos com a mesma intensidade, que chora e ri com a mesma intensidade, que acredita numa força superior e numa força interior também com a mesma intensidade.

Qual intensidade?

A intensidade da esperança!

Para saber mais sobre os títulos e autores
da Editora Sextante, visite o nosso site.
Além de informações sobre os próximos lançamentos,
você terá acesso a conteúdos exclusivos
e poderá participar de promoções e sorteios.

sextante.com.br